À LA MÉMOIRE DE
DELPHINE LÉVY
(1969-2020)

WALTER SICKERT

Peindre et transgresser

SOUS LA DIRECTION DE
EMMA CHAMBERS
ET CLARA ROCA

PETIT PALAIS
MUSÉE DES BEAUX-ARTS
DE LA VILLE DE PARIS

Cet ouvrage est publié à l'occasion de l'exposition « Walter Sickert. Peindre et transgresser » :

Tate Britain, Londres
28 avril – 18 septembre 2022

Petit Palais, musée des Beaux-Arts de la Ville de Paris
14 octobre 2022 – 29 janvier 2023

Cette exposition a été réalisée grâce au généreux soutien de notre partenaire Perella Weinberg Partners et à David Azéma.

Commissariat général

Alex Farquharson, directeur, Tate Britain

Annick Lemoine, directrice, Petit Palais

Commissariat scientifique

Emma Chambers, conservatrice au département Modern British Art, Tate Britain

Caroline Corbeau-Parsons, conservatrice des Arts graphiques au musée d'Orsay, ancienne conservatrice au département British Art 1850-1915, Tate Britain

Thomas Kennedy, assistant conservateur au département Modern British Art, Tate Britain

Delphine Lévy, directrice générale de Paris Musées (2013-2020)

Clara Roca, conservatrice du patrimoine, chargée des Arts graphiques des XIXe et XXe siècles et de la Photographie, Petit Palais

Conception scénographique
Vitamine, Cécile Degos
Signalétique
Bernard Lagacé et Lysandre Le Cléac'h
Lumière
Carlos Cruchinha

COMITÉ D'HONNEUR

Anne Hidalgo, maire de Paris

Carine Rolland, adjointe en charge de la culture et de la ville du quart d'heure, présidente de Paris Musées

Afaf Gabelotaud, adjointe en charge des entreprises, de l'emploi et du développement économique, vice-présidente de Paris Musées

PARIS MUSÉES

Anne-Sophie de Gasquet, directrice générale

Petit Palais, musée des Beaux-Arts de la Ville de Paris

Annick Lemoine, conservatrice générale du patrimoine, directrice

Clara Roca, conservatrice du patrimoine, chargée des Arts graphiques des XIXe et XXe siècles et de la Photographie, Petit Palais

Delphine Capdepuy, secrétaire générale
Vincent Roy, secrétaire général adjoint chargé de la sécurité, de la surveillance et du bâtiment
Frédéric Coquet, secrétaire général adjoint chargé du budget et des ressources humaines
Didier Pothin, responsable de la maintenance du bâtiment et de la logistique

Cécile Maisonneuve, cheffe du service des expositions et de la régie
Charlotte Piot, adjointe à la cheffe de service, responsable de la conservation préventive
Agnès Faure, régisseuse d'exposition
Fabienne Seillier, régisseuse d'exposition
Mathilde Beaujard, cheffe du service communication et presse
Monique Bouscasse, chargée de communication
Mathilde Techer, assistante de communication et presse

Fabienne Cousin, cheffe du service éducatif et culturel
Catherine André, adjointe à la cheffe de service pour les projets de médiation et d'accessibilité
Françoise Châtillon, responsable de l'auditorium et des événements culturels

Marguerite de Massé, cheffe du service de la valorisation

Et toute l'équipe du Petit Palais

Expositions et publications

Julie Bertrand, directrice

Fanny Hollman, directrice adjointe et cheffe du service des expositions
Julie Pierrat, adjointe
Émilie Augier, Mélanie Adicéam et Florence Tedesco, responsables de projet
Céline Boudot, chargée de production
Alexandra Jouanneau, stagiaire

Éric Landauer, chef des ateliers des musées de la Ville de Paris, et son équipe

Muriel Rausch, adjointe à la directrice et cheffe du service des éditions
Adeline Souverain, responsable éditoriale
Laurence Goupille, responsable iconographe
Saint-Véron Pompée, chef de fabrication

Marion Assémat, responsable commerciale
Claude Ribeiro, administrateur des ventes

Développement des publics, des partenariats et de la communication

Nina Garnier, directrice par intérim, cheffe du service communication
Blandine Cottet, adjointe, responsable de communication et partenariats
Florian Brottes, chargé de communication
Andréa Longrais, chargée des relations presse et des relations publiques
Hélène Boubée, chargée de l'éditorialisation numérique
Lise Hérenguel, assistante de communication

Scarlett Greco, cheffe du service numérique
Marine Baudry, responsable de projet et médiation numériques

Anne-Claude d'Argent, cheffe du service mécénat et activités commerciales
Béatrice de Leyssac, chargée de mécénat et de coordination

Frédérique Leseur, cheffe du service des publics

Administration et finances

Alice Lebredonchel, directrice
Agathe Duhamel, adjointe et cheffe du service financier

Eva Cecotti, responsable du pôle juridique

Jérôme Berrier, chef du service achats et logistique
Clémence Raunet-Breger, adjointe et acheteuse publique

Et l'ensemble des collaborateurs de Paris Musées

REMERCIEMENTS

Nous souhaitons avant tout remercier les nombreux prêteurs de cette exposition, dont la générosité a permis de rendre justice à la vision de Walter Sickert en montrant ses œuvres les plus importantes et les plus innovantes. Nombre d'entre elles sont conservées dans des collections publiques, le plus souvent britanniques : nous sommes très reconnaissants aux collègues de toutes ces institutions pour leur enthousiasme à l'égard de ce projet et leur empressement à prêter ces pièces majeures de leurs collections. Nous devons également beaucoup aux nombreux prêteurs particuliers de l'exposition, qui se sont séparés de leurs œuvres pendant de longs mois. Des collègues du marché de l'art nous ont par ailleurs grandement aidés pour retrouver la trace d'œuvres importantes et nous tenons à les remercier, notamment Guy Agazarian, Lukas Baumann, Richard Calvocoressi, Jason Carey, Grant Ford, James Holland-Hibbert, Daniel Katz, Jane Roberts, Robert Travers et Stella Vasileiadou.

Tout commissaire d'une exposition sur Walter Sickert a une dette énorme envers le travail de Wendy Baron, dont l'érudition profonde, construite sur plusieurs décennies, a mis en lumière tous les aspects de l'œuvre de Sickert, et dont le catalogue raisonné de 2006 reste la principale publication sur l'artiste, en plus du catalogue de l'exposition « Sickert Paintings » organisée par Wendy Baron et Richard Shone à la Royal Academy of Arts en 1992-1993. D'autres expositions thématiques, telles que « Sickert in Dieppe », organisée par Katy Norris à la Pallant House Gallery en 2015, et « Walter Sickert: The Camden Town Nudes », organisée par Barnaby Wright à la Courtauld Gallery en 2008, ont aussi beaucoup contribué à notre compréhension de cet œuvre aux multiples visages. L'ouvrage d'Anna Gruetzner Robins, *Walter Sickert: The Complete Writings on Art* (2000), a éclairé les opinions très variées de Sickert sur l'art de son époque, permettant ainsi de replacer son œuvre dans son contexte intellectuel. Les recherches de Rebecca Daniels sur les sources photographiques de l'œuvre de Sickert ont permis de mieux comprendre sa pratique. Enfin, le livre de Delphine Lévy publié à titre posthume, *Walter Sickert. La provocation et l'énigme* (2021), éclaire avec finesse l'œuvre de cet artiste à la lumière de ses relations avec la France.

Nous tenons à remercier tout particulièrement Wendy Baron et Anna Gruetzner Robins, qui ont généreusement offert leur expertise tout au long de la préparation de l'exposition. La famille de Delphine Lévy, et tout particulièrement Lila Wickers-Lévy et David Azéma, a été d'une grande aide, facilitant l'accès à ses archives et restant à l'écoute durant toute la préparation de l'exposition, afin d'assurer que le projet reste fidèle à ses intentions initiales. Nous sommes également reconnaissants aux auteurs du catalogue, qui ont élargi notre compréhension de l'œuvre de Sickert et de son héritage par leurs contributions. Nous sommes enfin redevables à de nombreuses personnes qui nous ont généreusement aidés au fil du développement de l'exposition : Rebecca Daniels, Sandra Cohen, Julien Faure-Conorton, Charlotte Hellman, Marlin Khondoker, Laurent Mannoni et Florence Parchomenko, Robert Upstone, Pierre Wat, Taylor Zakarin, et d'autres.

L'exposition Walter Sickert a été présentée à la Tate Britain avant de venir au Petit Palais, grâce à un partenariat rendu possible par Maria Balshaw, directrice de la Tate, et Alex Farquharson, directeur de la Tate Britain. Christophe Leribault, président des musées d'Orsay et de l'Orangerie, a accueilli avec un enthousiasme sans faille le projet et l'a accompagné à ses débuts, alors qu'il était directeur du Petit Palais. Nous leur en sommes vivement reconnaissants. Nous remercions chaleureusement l'Ambassade de France au Royaume-Uni, notamment son excellence Catherine Colonna, ambassadrice, et Bertrand Buchwalter, conseiller culturel, qui ont soutenu ce partenariat avec conviction.

Nos collègues de la Tate Britain, qui ont travaillé avec Delphine Lévy dès les premières étapes de ce projet, ont fait de ce partenariat et de cette exposition une réalité. Nous remercions tout particulièrement Emma Chambers, conservatrice, et Thomas Kennedy, conservateur assistant au département Modern British Art de la Tate Britain, ainsi que Caroline Corbeau-Parsons, conservatrice des Arts graphiques au musée d'Orsay et ancienne conservatrice au département British Art 1850-1915 de la Tate Britain, tous trois co-commissaires de cette exposition. Sans leur expertise et leur investissement, une exposition d'une telle envergure n'aurait pas été possible. À la Tate, nous tenons également à remercier Andrew Wilson pour ses conseils et son aide précieuse dans la conduite du projet, notamment à ses débuts. La contribution d'Elena Crippa et d'Andrea Schlieker a été inestimable lors de ses dernières étapes. Nous sommes enfin extrêmement reconnaissants à Sionaigh Durrant et à Wendy Lothian qui ont œuvré au transfert de cette exposition de Londres à Paris.

À Paris Musées et au Petit Palais, nous tenons à remercier l'ensemble des personnes qui ont permis à ce projet d'être mené à bien : Mélanie Adicéam, Émilie Augier, Marine Baudry, Julie Bertrand, Céline Boudot, Josy Carrel-Torlet, Agnès Faure, Léa Gomez, Fanny Hollman, Cécile Maisonneuve, Florence Tedesco, ainsi que les ouvriers professionnels du Petit Palais, Jean-Charles Dupuy, Patrick Pinel et Roxanne Sassot, encadreuse. Leur enthousiasme et leur soutien sans faille ont été cruciaux. Enfin, nous exprimons notre reconnaissance à tous ceux qui, à des titres divers, ont apporté leur précieux concours, dont Victoria Chiado-Orblin, Élis Dentresangle, Virgile Desveaux, Clotilde Euzennat, Tristan Fourmy, Christine Oddo et Noémie Salgues.

Ce catalogue a été conçu par Sandra Zellmer. Alice Chasey a dirigé l'édition anglaise de ce catalogue, aidée par Roz Hill et Emma O'Neill qui ont assuré la recherche d'images. Adeline Souverain en a dirigé l'édition française, avec l'assistance de Christian-Martin Diebold pour la traduction et celle de Catherine Ojalvo pour le secrétariat d'édition.

Après une première étape à la Tate Britain de Londres, je me réjouis que l'exposition « Walter Sickert. Peindre et transgresser » se déploie au grand jour au Petit Palais – Musée des Beaux-Arts de la Ville de Paris pour cette première rétrospective en France.

Walter Sickert (1860-1942) est un artiste britannique clé de la fin du XIXe et du début du XXe siècle. Ses œuvres, ses vastes réseaux artistiques, notamment à Paris, son approche radicalement moderne de la peinture et sa vision de l'impressionnisme faisant la part belle aux coloris sombres ont porté une nouvelle manière de représenter la vie quotidienne. Des scènes de music-hall tapageuses aux nus révolutionnaires, ce maître de l'invention de soi et de la théâtralité a aussi largement questionné le lien entre l'artificialité de l'art et les conventions de la performance. Avec un immense talent, il a fait de la confusion et de l'incommunicabilité des thèmes caractéristiques de sa peinture. Les quelque cent cinquante œuvres exposées au Petit Palais couvrent ses six décennies d'activité artistique et explorent les lieux, les personnes et les sujets qui l'ont inspiré : elles nous révèlent son héritage, celui d'un des artistes les plus singuliers, provocateurs et influents de l'art britannique.

Je me réjouis du travail partenarial qui s'est noué entre la Tate Britain et le Petit Palais afin de faire (re)découvrir Sickert à un public français et britannique en prenant soin de mettre en lumière l'importance des deux pays pour l'artiste, lui qui partageait son temps entre l'Angleterre et la France. J'ai aussi une pensée émue pour Delphine Lévy dont le profond intérêt pour l'artiste a contribué à l'existence de cette exposition. Femme de musées et historienne de l'art passionnée, c'est elle qui est à l'origine de la création de l'établissement public Paris Musées dont elle fut la première directrice de 2013 à 2020. Elle était devenue au fil des années la spécialiste française, reconnue internationalement, de Walter Sickert et s'était personnellement investie pour la reconnaissance de son œuvre en France en lui consacrant deux mémoires de recherche, une exposition thématique au musée de Dieppe en 2016, puis une importante biographie publiée à titre posthume. Nous lui dédions cette exposition qui n'aurait pu voir le jour sans elle.

Anne Hidalgo
Maire de Paris

À bien des égards, Walter Sickert est un artiste inclassable. Énigmatique, provocateur, dérangeant, toujours critique, se renouvelant sans cesse, il ne se laisse pas aisément saisir. Son œuvre, inspiré tour à tour par Whistler, Degas et Bonnard, a marqué les générations d'artistes britanniques jusqu'à ce jour, de Francis Bacon à Lynette Yiadom-Boakye. Mais en France, il sombre dans l'oubli dès après la Première Guerre mondiale. Autant de défis à relever qui ne pouvaient que stimuler l'historienne de l'art passionnée que fut Delphine Lévy. En marge de sa carrière au service de la Ville de Paris, cette femme de musées aux convictions fortes n'eut de cesse de contribuer à faire redécouvrir Walter Sickert en France.

La rétrospective du Petit Palais, coproduite avec la Tate Britain, marque l'aboutissement de son travail de réhabilitation. Elle est le fruit tout à la fois de ses recherches, de son initiative, de sa détermination sans faille et de sa vision. Pour le dire avec les mots de Wendy Baron, Delphine Lévy aura « non seulement rendu Sickert à la France mais aussi inscrit résolument son œuvre dans la tradition de l'art britannique ». Qu'il nous soit permis de lui exprimer, au côté de Wendy Baron, notre profonde reconnaissance : « Merci Delphine. »

Sous son impulsion, cette rétrospective inédite, la première jamais consacrée à l'artiste en France, riche de plus de 150 œuvres, a été organisée en étroite collaboration avec la Tate Britain à Londres. Nous tenons à remercier chaleureusement nos collègues de la Tate Britain qui ont pleinement soutenu ce projet porté par Alex Farquharson, directeur de la Tate Britain, par Emma Chambers et Thomas Kennedy, respectivement conservatrice et assistant de conservation au département Modern British Art de la Tate Britain, ainsi que Caroline Corbeau-Parsons, conservatrice des Arts graphiques au musée d'Orsay et ancienne conservatrice au département British Art 1850-1915 de la Tate Britain.

Au Petit Palais, Clara Roca, conservatrice des Arts graphiques, a repris le flambeau en marchant dans les pas de Delphine Lévy et en suivant ses partis pris de la manière la plus fidèle possible. Nous lui exprimons ici notre gratitude pour avoir su mener à bien, avec intelligence et enthousiasme, ce projet à la fois beau et stimulant.

Les remerciements suivants détaillent les soutiens que nous avons trouvés auprès de nombreux collègues et prêteurs. Nous souhaitons témoigner tout particulièrement notre vive reconnaissance aux proches de Delphine Lévy, à sa fille, Lila Wickers-Lévy, à son compagnon, David Azéma, ainsi qu'à Wendy Baron, spécialiste anglaise de Walter Sickert, et enfin à Christophe Leribault, qui a accueilli ce projet au Petit Palais avant de prendre la direction des musées d'Orsay et de l'Orangerie – Valéry Giscard d'Estaing.

Annick Lemoine
Directrice du Petit Palais

LES AUTEURS

Wendy Baron, ancienne directrice de la Government Art Collection, universitaire indépendante, autrice de nombreux textes sur Walter Sickert et le Camden Town Group et du catalogue raisonné *Sickert. Paintings and Drawings* (2006)

Emma Chambers, conservatrice, département Modern British Art, Tate Britain

Caroline Corbeau-Parsons, conservatrice des Arts graphiques, musée d'Orsay

Somaya Critchlow, artiste, vit et travaille à Londres

Kaye Donachie, artiste, vit et travaille à Londres

Anna Gruetzner Robins, professeur émérite d'histoire de l'art, Université de Reading

Martin Hammer, auteur de *Bacon and Sutherland* (2005), *The Naked Portrait* (2007) et *Francis Bacon and Nazi Propaganda (2012)*

Thomas Kennedy, conservateur assistant, département Modern British Art, Tate Britain

Patricia de Montfort, maître de conférences en histoire de l'art, Université de Glasgow

Katy Norris, conservatrice, doctorante Tate et Université de Bristol, autrice de *Sickert à Dieppe* (2015), *Christopher Wood* (2016) et *Sylvia Pankhurst* (2019)

Clara Roca, conservatrice des Arts graphiques des XIXe et XXe siècles et de la Photographie, Petit Palais

Sam Rose, historien de l'art, Université de St Andrews, auteur de *Art and Form* (2019) et *Interpreting Art* (2022)

Billy Rough, historien de l'art, Université de St Andrews, spécialiste des relations entre la peinture britannique et le théâtre

Lisa Tickner, professeur honoraire, Courtauld Institute of Art, et professeur émérite d'histoire de l'art, Université du Middlesex

SOMMAIRE

EMMA CHAMBERS

INTRODUCTION

Dans l'une de ses déclarations le plus souvent citées, Walter Sickert s'exprime en ces termes : « Les arts plastiques sont des arts bruts, traitant joyeusement de faits matériels bruts […] et alors qu'ils s'épanouiront dans l'arrière-cuisine, ou le fumier, ils s'asphyxieront dans le salon[1]. » L'adhésion de Sickert à ces faits matériels, à travers son traitement de la peinture comme son exploration de la vie intime de gens ordinaires et d'intérieurs modestement meublés, est avant-gardiste pour son époque, et elle exercera une influence notable sur des générations de jeunes artistes.

Walter Sickert est l'un des peintres britanniques les plus importants de la fin du XIXe et du début du XXe siècle. Né à Munich, il emménage en Angleterre avec sa famille à l'âge de huit ans. Son père, peintre, lui fait découvrir le travail d'artistes éminents, français et britanniques, mais le jeune homme désire avant tout devenir comédien et se consacre au théâtre durant quatre années. Il se tourne finalement vers la peinture en 1881, étudiant brièvement à la Slade School of Fine Art qu'il quitte en 1882 pour devenir l'élève de James Abbott McNeill Whistler, et s'imposera comme l'une des personnalités centrales des cercles artistiques d'avant-garde du tournant du XXe siècle en Grande-Bretagne, réunissant des groupes d'artistes de même sensibilité. Il s'avère également un

auteur prolifique, publiant de nombreuses critiques dans diverses revues spécialisées[2]. Enfin, son travail joue un rôle essentiel dans les liens tissés entre la Grande-Bretagne et la France – où il séjourne souvent durant sa période d'activité. Il exposera ainsi à Londres et à Paris durant toute sa carrière[3]. Membre fondateur du New English Art Club qui se constitue comme une alternative d'influence française à la Royal Academy of Arts, Walter Sickert devient une source d'inspiration pour des cercles de jeunes peintres s'intéressant à l'évolution des idées post-impressionnistes, tels Spencer Gore, Harold Gilman et d'autres adeptes du Camden Town Group.

La présente exposition a pour objectifs premiers de faire redécouvrir Sickert au public français et de rappeler au public britannique l'importance des sources françaises dans son travail, ainsi que les artistes britanniques qu'il a influencés.
L'intérêt porté par la regrettée Delphine Lévy aux relations du peintre avec la France a été déterminant dans la conception de l'exposition ; ces liens sont étudiés de façon approfondie dans son essai « Sickert et la France » (voir p. 126). Sickert peut compter sur un large public en France où il expose et compte divers acheteurs. Deux galeries parisiennes, Bernheim-Jeune et Durand-Ruel, sont ses principaux marchands. Dès les années 1900, ses nus sont d'abord exposés à Paris où existe déjà une tradition de représentation de nus dans un cadre familier. Les critiques français les tiennent pour typiquement britanniques par leur composition et leur palette, tandis que les critiques britanniques désapprouvent les influences françaises qu'ils y décèlent. Delphine Lévy souligne ces différentes réactions par un choix judicieux de citations extraites de la presse française de l'époque, qui complète l'analyse des jugements britanniques présentés par Lisa Tickner dans son essai « Sickert et le nu » (voir p. 144).

L'exposition s'ouvre sur une série d'autoportraits couvrant la carrière de Sickert. Sa formation théâtrale l'a prédisposé à donner de lui-même l'image changeante de différents personnages, selon ses préoccupations du moment. Ces toiles vont de l'autoportrait intense à l'étude de l'artiste dans son atelier, voire, plus tard, à l'incarnation de personnages bibliques tel Lazare. Dans son essai « L'apparence de Sickert : peindre le moi » (p. 16), Anna Gruetzner Robins considère quelques-unes des identités adoptées par l'artiste au cours de sa longue période d'activité.

Lorsque Sickert intègre l'atelier de Whistler en 1882, il aide à l'impression de ses estampes. Ses propres gravures, au style proche de celui du maître, figurent souvent des scènes urbaines caractérisées par une économie délibérée de traits. Les petites huiles sur panneau qu'il réalise à cette époque et qu'il peint alors sur le vif témoignent d'une autre influence de Whistler sur Sickert. Les panneaux que tous deux peignent à Dieppe et à Londres montrent par ailleurs l'importance, pour Sickert, de la ville normande où il aime travailler depuis ses débuts, ainsi que son assimilation de l'approche tonale de Whistler, apprise en préparant la palette du maître lorsque celui-ci partait en excursion pour travailler sur le motif. En 1885, Sickert, sous l'influence d'Edgar Degas dont il a fait la connaissance en 1883, commence à utiliser des couleurs plus éclatantes et à organiser ses compositions à l'aide de dessins préparatoires. Il se pourrait que la fascination qu'il éprouve pour le music-hall trouve également son origine chez Degas, comme le démontre Patricia de Montfort dans son essai consacré aux années d'apprentissage de Sickert (voir « Les années d'apprentissage : de Whistler à Degas » p. 32).

Le music-hall sera l'un des thèmes de prédilection du peintre pendant toute sa carrière, ainsi que le souligne Thomas Kennedy dans son essai « Le music-hall et l'artiste féru de théâtre » (voir p. 54). Il en explore diverses facettes – ses artistes, son public, son architecture – durant une période qui s'étend des années 1880 aux années 1920, influencé par les huiles et les pastels de Degas représentant des danseuses de ballet. Assis parmi les spectateurs, il croque ce qu'il voit, adoptant des points de vue insolites qui regroupent dans un même cadre l'artiste, l'orchestre et le public, ainsi que des miroirs qui créent des perspectives en

trompe-l'œil sur la scène. Unique en Grande-Bretagne à cette époque, l'intérêt singulier de Sickert pour la culture prolétaire du music-hall, qui s'inspire du thème du café-concert traité par Manet et Degas à Paris, y est considéré comme indécent – en dehors des sociétés d'exposition et galeries indépendantes. Ses premiers tableaux de music-hall représentent principalement des artistes comme Minnie Cunningham, Little Dot Hetherington, Vesta Victoria et Ada Lundberg, dont les prestations sur scène mettent en lumière des préoccupations féminines, à une époque où les femmes sont rarement au centre de l'attention, comme l'examine Billy Rough dans son essai « L'apôtre très discrédité de l'art du music-hall : Sickert et la scène » (voir p. 80). Le peintre, dans ses tableaux tardifs, s'intéresse davantage au public et à sa réaction devant le spectacle. Outre les music-halls londoniens, il dépeint des salles françaises comme la Gaîté-Rochechouart à Paris ou le café-concert Vernet à Dieppe.

Depuis les années 1970, la passion de Sickert pour le théâtre, ses incursions dans le métier de comédien et son amour du jeu ont alimenté diverses spéculations le présentant comme suspect dans les meurtres commis par Jack l'Éventreur en 1888. À partir de 1896 au moins, Sickert manifeste pour l'assassin un intérêt qui perdurera jusqu'à la fin de sa vie. Selon la peintre Marjorie Lilly, il aurait également endossé à plusieurs occasions le rôle de ce meurtrier tristement célèbre, conformément à sa fascination pour l'interprétation de différentes identités, qu'il met en œuvre dans ses portraits. Le livre de Marjorie Lilly, publié en 1971, est à l'origine de thèses sans fondement selon lesquelles Sickert serait l'assassin, théorie défendue avec maints arguments par Patricia Cornwell dans son roman sur le sujet[4]. Sans doute la véritable identité de Jack l'Éventreur restera-t-elle à jamais inconnue, mais dans l'imagination du public, le nom de Sickert est inscrit sur la liste des principaux suspects, et il est difficile de réfuter de telles associations dès lors qu'elles ont été exprimées, malgré la fragilité des liens susceptibles d'exister entre le peintre et les meurtres. Les diverses preuves étayant cette allégation sont passées en revue par Anna Gruetzner Robins dans son essai « "Arrête-moi si tu peux" : Sickert et Jack l'Éventreur » (voir p. 220).

Bien que Walter Sickert soit principalement connu comme peintre de figures, le portrait joue un rôle mineur dans son œuvre. Comme l'explique Caroline Corbeau-Parsons dans son essai « Au-delà du portrait : Sickert et la représentation » (voir p. 92), ses portraits comportent à la fois des commandes officielles et des portraits informels d'amis ou modèles réguliers. L'immense majorité de ces toiles ne répondant pas à des commandes, elles ne lui apportent pas le revenu régulier auquel il aspire. Cependant, ses modèles, souvent des personnalités célèbres, témoignent de l'étendue de ses relations dans les cercles culturels et la haute société, tant en Angleterre qu'en France. Dans des portraits plus libres, exécutés à Londres et à Venise, le travail de Sickert se rapproche de la peinture de genre, et les intérieurs dans lesquels il place ses personnages acquièrent tout autant d'importance, venant suggérer un récit et une connexion affective, ainsi que l'analyse Wendy Baron dans son essai sur les peintures narratives de Sickert (voir « Les *conversation pieces* modernes » p. 166).

La peinture de paysage, qui occupe également une niche bien définie dans la production de l'artiste, s'impose comme le genre avec lequel il rencontre le plus vif succès commercial, notamment les vues de Dieppe et de Venise qu'il vend par l'intermédiaire de ses marchands parisiens Bernheim-Jeune et Durand-Ruel. Comme le rappelle Katy Norris dans son essai intitulé « "Pleines d'attrait – tristes – blafardes – touchantes" : les œuvres *pittoresques* de Sickert » (voir p. 110), Sickert est un habitué des endroits où il aime poser son chevalet, notamment Dieppe (où il réside de 1898 à 1905) et Venise (où il séjourne régulièrement à partir de 1895), peignant à maintes reprises leurs bâtiments et leurs rues, développant les éléments esquissés sur le motif en tableaux finis une fois de retour dans son atelier. Il privilégie deux motifs sur les lieux desquels il se rend fréquemment, les célèbres façades de la basilique Saint-Marc de Venise et de l'église Saint-Jacques de Dieppe, où il étudie les effets de la lumière sur l'architecture à différentes heures du jour. Cette approche de la lumière toujours changeante sur l'architecture trouve son origine chez Claude Monet et sa série des « Cathédrales de Rouen ». À Dieppe, Sickert ne se désintéresse pas de l'aspect humain dans le paysage urbain, incluant souvent au premier plan de ses tableaux des scènes de la vie quotidienne inspirées des vues de la même ville par Camille Pissarro. Ses vues de rue évoluent, passant de petits formats relativement sombres à des toiles plus grandes, plus lumineuses et aux couleurs plus vives, sous l'influence des impressionnistes français, des fauves et des nabis, et avec les encouragements de ses marchands qui considèrent que ces œuvres sont commercialement plus attrayantes.

Le nu figuré dans un intérieur contemporain a été popularisé par les peintres réalistes et impressionnistes français qui l'ont adopté comme moyen de relier le genre à la vie urbaine moderne. Ce corps nu situé dans un espace domestique se livre à des activités intimes sans avoir conscience d'être observé, donnant ainsi au regardeur du tableau l'illusion d'accéder à une scène privée. Sickert s'inspire de peintres comme Pierre Bonnard et Edgar Degas pour le placer dans un cadre quotidien et le figurer dans des poses explicites, utilisant des points de vue « par le trou de la serrure » afin de proposer au spectateur une image partielle et voyeuriste. L'artiste s'intéresse également aux qualités esthétiques du nu, notamment les jeux d'ombre et de lumière créés sur la chair par le jour qui tombe d'une fenêtre dans une chambre plongée dans la pénombre. Il se spécialise dans des sujets figurant la classe ouvrière urbaine, soucieux de représenter la forme féminine nue sans l'idéaliser et dans un environnement contemporain. Ses premiers nus sont exposés en 1905 à Paris, où ils sont envisagés dans le contexte de la peinture française, tandis qu'à Londres, où l'on ne peut les voir avant 1911, ils sont associés à Camden Town, le quartier louche de la capitale britannique dans lequel Sickert possède plusieurs ateliers entre 1905 et 1914. En Grande-Bretagne, son sujet – une femme allongée sur un lit de fer aux draps froissés, dans une chambre faiblement éclairée – donne lieu à une scène qui évoque pauvreté et prostitution. Admirés par la critique française, les poses explicites qu'il dépeint et ses intérieurs de chambre à coucher sont, en revanche, violemment désapprouvés par la critique britannique, comme le rappelle Lisa Tickner dans son essai.

Bien que les nus ne constituent qu'une part infime de son œuvre, Sickert apporte donc une innovation majeure au traitement de ce sujet dans la peinture britannique, en figurant des corps féminins non idéalisés, installés dans des intérieurs quotidiens ; ainsi exercera-t-il dans ce domaine une influence sur des peintres postérieurs tels Francis Bacon et Lucian Freud, comme Martin Hammer le fait observer dans son essai « À l'imitation de Sickert : Auerbach, Bacon, Freud » (voir p. 216). Lisa Tickner suggère également les peintres Jenny Saville et Alice Neel comme autant d'exemples de l'impact de Sickert sur le nu de la fin du xxe siècle. Cependant, le thème du nu féminin, depuis toujours sujet de controverse pour les historiennes et historiens de l'art féministes qui se préoccupent plus particulièrement de la nature du regard masculin, fait depuis quelques années l'objet d'une plus vive contestation, soulevant notamment la question des relations de pouvoir qui s'établissent entre le peintre et son modèle. À l'instar de la plupart des peintres de sa génération, Sickert a travaillé avec des modèles réguliers, certaines devenant des amies proches, des amantes ou des employées ; le plus souvent cependant, la relation reposait sur une transaction commerciale, le modèle étant rémunéré au temps de pose. Seules les identités de certaines d'entre elles sont connues – Augustine Villain à Dieppe, Carolina dell'Acqua et La Giuseppina à Venise, Blanche et Adeline à Paris, Hubby et Marie à Londres. Dans son essai, Wendy Baron se penche sur cette relation entre Sickert et ses modèles.

La fascination qu'éprouve Walter Sickert pour la peinture narrative l'amène à réinventer radicalement la tradition britannique de la *conversation piece* – croisement d'une scène de genre et d'un portrait de groupe saisi dans une forme d'intimité quotidienne –, à la suite de William Hogarth et d'autres peintres anglais du xviiie siècle. Ainsi transforme-t-il, au fil d'étapes que retrace Wendy Baron dans son essai, cette tradition anglaise historique, mais aussi la peinture de figures dans des intérieurs telle que pratiquée par des peintres français comme Bonnard, en une version du xxe siècle spécifiquement britannique qui se focalise sur la vie quotidienne. Le regroupement de deux figures dans un intérieur apparaît pour la première fois dans ses scènes vénitiennes représentant des femmes nues ou vêtues conversant, assises ou couchées sur un lit. De retour à Londres, il développe une série de toiles figurant un homme vêtu et une femme nue, installés dans les mêmes chambres misérables qu'il utilise pour ses nus, série que l'on connaît sous le nom de « Camden Town Murder » [série du meurtre de Camden Town]. Associant ces toiles à un meurtre perpétré en 1907 à Camden Town, qui a fait les gros titres de la presse, Sickert adopte ce titre afin de tirer parti de la controverse et de l'intérêt du public pour ce crime sordide. Mais il retravaillera ces compositions à figures masculine et féminine par la suite, les exposant sous d'autres titres, donnant ainsi au regardeur du tableau la possibilité d'inventer différentes narrations sur la base de la même scène. Selon l'interprétation de Wendy Baron, le peintre s'intéresse moins à illustrer le meurtre qu'à figurer les relations psychologiques et affectives qui s'établissent entre les personnages dans leurs différentes configurations. D'autres peintures narratives moins sujettes à controverse, comme *Ennui*, explorent des intérieurs à l'atmosphère étouffante et les sentiments contradictoires, voire conflictuels, que suscitent les relations quotidiennes dans des mises en scène créées par Sickert dans son atelier. Selon Baron, les diverses configurations de figures et les titres alternatifs offrent au regardeur du tableau la possibilité d'interpréter ces relations, dans l'objectif de démontrer la prépondérance absolue du contenu visuel du tableau sur toute interprétation verbale.

Dans les années 1930, l'attrait de la culture populaire sur Sickert ne faiblit pas, et l'artiste entreprend de peindre des toiles de plus grandes dimensions en utilisant une palette plus éclatante. Scènes de théâtre et sujets issus de la presse populaire dominent alors sa production. Ces toiles s'inspirent le plus souvent de photographies noir et blanc que Sickert transpose en couleurs vives. Ce qui le fascine, ce sont les formes simplifiées résultant de la perspective aplatie et des puissants contrastes de ton de la photographie noir et blanc, qu'il conserve comme des effets presque abstraits dans le tableau final. Il réalise également, à l'époque, une série d'œuvres à partir de gravures victoriennes, qu'il intitule « Echoes ». Sickert peint à maintes reprises ses actrices

préférées – comme Peggy Ashcroft et Gwen Ffrangcon-Davies – et réalise ses scènes de théâtre d'après des photographies prises par lui-même ou par ses assistants pendant les répétitions, ou d'après des coupures de presse. Il se base également sur ces dernières pour représenter la famille royale, ou des événements historiques telle la traversée de l'Atlantique en solitaire effectuée par l'aviatrice Amelia Earhart en mai 1932[5]. Sam Rose, dans son essai « Les dernières années et les *Echoes* » (voir p. 194), analyse la méthode que Sickert utilise dans ses tableaux tardifs et le rôle des sources utilisées, soulignant leur importance dans l'approche de questions relatives à la paternité de l'œuvre et à la culture contemporaine. L'utilisation de la photographie par Sickert est aujourd'hui reconnue comme précurseur des évolutions en matière de transmutation d'images issues de la culture populaire et d'emploi de la photographie comme matériau source par des artistes de la fin du XXe siècle. Dans son essai, Martin Hammer analyse le rôle joué par la Beaux Arts Gallery à Londres dans la promotion du travail de Sickert conjointement avec la jeune génération des peintres de la Kitchen Sink School et de l'école de Londres, en particulier son influence sur le travail de Frank Auerbach, Francis Bacon et Lucian Freud.

Walter Sickert est souvent qualifié de « peintre pour peintres », fasciné par les différents procédés permettant de manipuler la peinture pour créer des effets presque abstraits dans la représentation de la figure. Bien que les genres qu'il a explorés et ses manières d'aborder les sujets aient évolué tout au long de sa carrière, aboutissant à une œuvre riche et variée qui l'a systématiquement situé à l'avant-garde des développements de l'art britannique, il demeura fidèle à la peinture figurative. Pionnier au début du XXe siècle, son intérêt pour la culture populaire a inspiré nombre de ses contemporains, à l'instar des membres du Camden Town Group. Encore aujourd'hui, son œuvre ne cesse d'être découverte par de nouvelles générations d'artistes, ce qui souligne l'actualité de sa pertinence.

LES IDENTITÉS
DE SICKERT

ANNA GRUETZNER ROBINS

L'APPARENCE DE SICKERT : PEINDRE LE MOI

Fig. 1
Charles Samuel Keene,
« *Incorrigible!* », 1883,
encre sur papier,
17,5 × 14,6 cm,
Tate, Londres

Dans *Self-Portrait* (1882, cat. 1), Walter Sickert, la tête penchée, lève les yeux. Le jeune aspirant peintre et ancien comédien se représente ainsi dans une pose qu'affectionne Sir Henry Irving (voir, par exemple, fig. 2), l'acteur et directeur de théâtre qu'il adule comme un héros et dont il a rejoint la compagnie en 1879. Mais Sickert travaille avec plusieurs troupes sans jamais vraiment rencontrer le succès, aussi quitte-t-il la scène pour s'inscrire à la Slade School of Fine Art. Peu après, il rejoint, comme élève, l'atelier de Whistler, et peint des tableaux dans lesquels transparaît l'influence du maître dont il imite le dandysme par ses tenues vestimentaires et son comportement. Jusqu'à un âge avancé, Sickert demeurera un comédien accompli qui se plaît à changer d'apparence en se déguisant, à modifier sa mise de manière kaléidoscopique, et à adopter une diversité ahurissante de parlers et d'attitudes. Ceux qui l'ont connu affirment qu'il était impossible de connaître l'homme ainsi dissimulé derrière tant de personnages et ego. « N'existe-t-il pas [...] un point fixe, un dénominateur commun, dont nous puissions nous emparer pour dire "voici l'homme tel qu'il est véritablement" ? » demande son premier biographe, qui décide que le meilleur moyen de le connaître, c'est à travers son œuvre[1]. Si tel est bien le cas, comment, alors, interpréter ses autoportraits ? Presque tous nous disent quelque chose sur lui, sur son art, et sur les enrichissantes

et fascinantes évolutions qui ont émaillé une pratique de près de soixante ans, mais c'est à peine s'ils révèlent l'homme derrière le masque.

La finesse de la ligne continue et les hachures de l'autoportrait de 1882 peuvent être comparées aux dessins d'un autre artiste figurant parmi les premiers héros de Sickert, moins connu, Charles Keene – l'illustrateur du magazine *Punch*, qu'il considère comme « l'un des maîtres mondiaux du dessin[2] ». « *Incorrigible!* » (fig. 1), un dessin de Keene à la plume et à l'encre datant de 1883, témoigne de cette proximité. En 1896, dans l'un des nombreux hommages que Sickert rend à l'illustrateur, il fait remarquer que celui-ci était un grand artiste, car il dessinait ce qu'il observait autour de lui, et parce qu'il était convaincu que « la grâce quelque peu embarrassée de l'épouse d'un bourgeois [...] vêtue sans goût, est aussi intéressante et belle [...] que la bonne éducation d'une *lady*[3] ». Keene, homme instruit issu de la classe moyenne, faisait fi de la mode qu'avaient adoptée les artistes anglais florissants, celle de s'habiller et vivre en gentleman. Il portait au contraire « l'ample paletot, le velours côtelé et le chapeau melon du campagnard[4] », et travaillait à Chelsea dans « deux ou trois ateliers et logements miteux dans et autour de King's Road[5] ». Son refus de se conformer aux conventions, tant dans son habillement que dans le choix de son logement, fera de lui un modèle d'identification durable pour Sickert. En 1893, ce dernier quitte son luxueux atelier et logement du 24 Glebe Place, à Chelsea, et prend une « petite chambre pour y travailler[6] » au 127 Cheyne Walk, l'un des six logis d'artisans de la pension Milton Chambers. Il fait ainsi un choix de vie, et recherchera ce type d'ateliers modestes durant toute sa carrière.

Self-Portrait (vers 1896, cat. 2) est plongé dans l'obscurité : Sickert tourne la tête vers un miroir situé à sa gauche, et c'est un œil inquiet, presque noir, loin de celui que l'on disait d'un bleu extraordinaire, qui nous regarde timidement. Le sombre coloris brunâtre, animé par le ton blanchâtre de l'œil, qui est repris dans l'écharpe, ainsi que l'obscur arrière-plan rougeâtre forment une version atténuée de la palette des premiers tableaux controversés de music-hall. Walter Sickert, à l'époque, souffre d'une dépression, et l'on serait tenté

Fig. 2
Harry Furniss, *Sir Henry Irving
as Shylock,* 1879,
plume et encre sur papier,
33,7 × 22,7 cm,
National Portrait Gallery,
Londres

Fig. 3
Paul Gauguin, *Autoportrait
au chapeau,* 1894,
huile sur toile, 46 × 38 cm,
Grand Palais (Musée d'Orsay),
Paris

d'attribuer l'expression morose et hagarde de cet autoportrait à ses seuls échecs financiers et autres difficultés personnelles ; en réalité, elle reflète également son récent choix de vie. Il est difficile de vivre de son art, d'autant plus lorsque l'on défie presque toutes les conventions sociales et artistiques prônées par les milieux de l'art londonien. L'homme aux cheveux ébouriffés et au foulard négligemment noué autour du cou a abandonné le soi-disant dandy whistlérien.

À partir de 1898, Sickert vit le plus souvent en France, jusqu'à ce qu'en 1905, il prenne une adresse à Londres ; toutefois, il continue de participer au circuit des expositions parisiennes. À l'automne 1906, séjournant à Paris, il expose au Salon d'automne qui consacre à Paul Gauguin une grande exposition posthume[7] où l'on peut voir plusieurs de ses autoportraits (fig. 3), chacun figurant l'une des identités que le peintre s'était soigneusement forgées[8]. Ceux-ci ont pu inspirer un certain nombre d'autoportraits de Sickert, notamment *Self-Portrait. The Painter in his Studio* (1907, cat. 3) et *Self-Portrait. Juvenile Lead* (1907, cat. 4), qui représentent chacun un moi différent.

Alors qu'il réside en France, Sickert songe à prendre la nationalité française, déclarant « je suis un peintre français[9] » à son ami et mécène Jacques-Émile Blanche, mais les critiques français ne manquent pas de souligner ses liens avec l'Angleterre. Ils associent sa palette à l'atmosphère crasseuse de Londres, et l'un d'eux écrit même que ses personnages féminins sont de « sordides pauvresses qui déambulent dans les rues de Whitechapel, abruties de gin[10] ». Il répond à ces assertions sur le caractère anglais de sa peinture en exposant au Salon d'automne de 1907 une œuvre qu'il qualifie de « punching-ball », L'*Homme au chapeau melon* (titre original de *Self-Portrait. Juvenile Lead*, cat. 4)[11], une autre façon de revendiquer son identité anglaise. Le chapeau melon, en effet, a été inventé par un chapelier britannique vers 1850, adopté bien plus tard, au xxᵉ siècle, par les banquiers et les citadins. Les jeunes employés à la mode qui lorgnent l'artiste de music-hall Ada Lundberg en portent (*Bonnet et Claque*, cat. 34), tout comme Sickert dans une photographie de 1880, un dessin à la plume et à l'encre (1897) où il pose sur un fond vénitien, ou encore un autoportrait tardif (*Self-Portrait in Grisaille*, cat. 10).

Tandis qu'il expose à Paris, Sickert se fait une nouvelle place dans les cercles artistiques londoniens. En 1907, *Self-Portrait. The Painter in his Studio* (cat. 3) est présenté au New English Art Club, société dont il a été le fer de lance dans sa jeunesse, la transformant en vitrine de la « Nouvelle peinture ». Cet autoportrait dans lequel Sickert se représente à la croisée des chemins réunit le reflet, dans le miroir, du peintre tenant une palette et, accroché au mur derrière lui, son tableau *Théâtre de Montmartre* (vers 1906, cat. 44). Des moulages d'une Aphrodite de Cnide, de l'*Esclave mourant* de Michel-Ange et d'un écorché – modèle de corps sans peau et instrument d'étude séculaire, que les peintres incluent fréquemment dans leurs autoportraits[12] – sont disposés dans « l'espace réel », sur le manteau de cheminée qui se trouve sous le miroir. *Self-Portrait. The Painter in his Studio* traite de l'alternative devant laquelle il se trouve alors : se relancer en tant que peintre du divertissement populaire, ou repenser certaines des sources utilisées par ses confrères français dans la représentation du nu féminin, et rompre avec ces modèles existants par une formule de loin plus explosive. Ce dilemme aboutira aux nus de Camden Town.

« Quelle est la barbe qui siéra le mieux pour le jouer[13] ? » Sickert connaît assurément *Le Songe d'une nuit d'été* de Shakespeare – il a joué le rôle de Démétrius. Qu'il ait ou non à l'esprit la question que se pose Bottom dans la deuxième scène du premier acte, il est certain qu'il change très souvent de barbe (et de coiffure). Ces différents déguisements et personnages « [ont] le pouvoir de surprendre, de confondre, voire de choquer[14] », et chaque transformation de coiffure et de barbe, de costume et de personnage, trahit une volonté d'établir sa propre mythologie de son apparence, de sa classe sociale, de son discours et de son comportement, afin de tenir autrui, même ses proches, à distance.

Si la barbe a été en vogue vers le milieu de l'époque victorienne, elle est plutôt passée de mode à la fin des années 1880. Quoi qu'il en soit, celle qu'arbore Sickert dans *Self-Portrait: The Bust of Tom Sayers* (1913, cat. 5) est incontestablement singulière. Au cours de l'été 1913, le peintre se laisse pousser une barbe qu'il qualifie de « poivre et sel », qu'il rase en décembre[15]. Or dans cet autoportrait, elle est vaguement brune (et non grise), ses sourcils broussailleux, non taillés, retombent

Richard Sickert arriving at the Royal Academy with Gwen
ffrangcon Davies, the actress, for yesterday's private view.
His picture, " The Raising of Lazarus " (right), is generally
regarded as the picture of the year.
—(Copyright reserved for owner by " Royal Academy Illustrated.")

sur ses lunettes, et ses cheveux naturellement bouclés sont aplatis sur le crâne en courtes touffes. S'est-il teint les poils de barbe et a-t-il laissé pousser ses sourcils broussailleux, ou a-t-il collé une barbe postiche et de faux sourcils pour faire illusion ? Marjorie Lilly se souvient que Sickert « arborait une grande barbe carrée [...] qui paraissait pousser aussi vite que le haricot magique de Jack[16] ». Il semblerait bien que sa pilosité faciale se développait à une vitesse remarquable. La présence, dans la partie droite du tableau, d'un buste en marbre de Tom Sayers (1826-1865), un champion de boxe poids lourd du milieu de l'ère victorienne, pourrait expliquer le travestissement de Sickert. Après le combat notoirement brutal entre Sayers et l'Américain Tom Heenan en 1860, la revue *Punch* publie une série de caricatures dues à John Leech, figurant des « personnages très dignes d'apparence[17] » se donnant beaucoup de mal pour dissimuler leur intérêt pour Sayers. Sickert apprécie sans doute la duplicité généralisée de ces « respectables » personnalités victoriennes qui admirent secrètement Sayers, et il ne peut ignorer le souvenir nostalgique laissé par le boxeur dans les années 1890, ni son combat considéré le plus souvent à l'époque comme un grand moment de la boxe anglaise. De l'autre côté du tableau, le grand vase bleu et blanc ne serait pas déplacé dans l'une des compositions à figures « esthétiquement » arrangées de Whistler, comme *Symphony in White, No. 2. The Little White Girl* (1864, Londres, Tate), et fait malicieusement allusion à un monde beaucoup plus raffiné. Les deux objets forment un ménage étrange, mais l'amour de Sickert pour la culture populaire locale et sa formation précoce à la théorie esthétique de l'art pour l'art résident au cœur de sa production artistique.

En 1927, le peintre entreprend un nouvel ensemble d'autoportraits, qui marque une autre phase importante dans sa carrière. Durant l'hiver 1926-1927, Sickert est souffrant. Si la nature exacte de sa maladie demeure inconnue à ce jour, il semble qu'elle ait été grave, peut-être un accident vasculaire cérébral et un retour des troubles mentaux dont il a souffert au début des années 1920, époque où il était « manifestement déprimé », plongé dans des pensées « morbides[18] ». Après une période de « repos » dans l'intimité, soustrait aux regards, il réapparaît sous les traits de Richard Sickert, arborant la longue barbe blanche d'un patriarche victorien, et endosse ses plus grands rôles d'acteur en incarnant les figures bibliques de Lazare, du serviteur d'Abraham et enfin du Christ, dans trois autoportraits extraordinaires qui partagent une facture picturale inédite, plus audacieuse.

En se représentant, dans *Self-Portrait. Lazarus Breaks his Fast* (vers 1927, cat. 6), picorant au fond de ce qui ressemble à un bol de céréales, dans un environnement domestique ordinaire, l'artiste crée un audacieux contraste avec le titre de la toile. Le choix du sujet de Lazare, ressuscité d'entre les morts par le Christ, fait obscurément référence à sa propre guérison après sa longue maladie. Tout, dans ce portrait pictural – la vigoureuse touche exubérante, le contraste entre la bavette jaune et la manche violette, et les taches de couleur audacieusement travaillées sur le visage –, célèbre son rétablissement. Sickert a soixante-neuf ans quand il peint *The Servant of Abraham* (1929, cat. 8). À l'instar de *Self-Portrait. Lazarus Breaks his Fast* (cat. 6), ce tableau est réalisé à partir d'une photographie mise au carreau (cat. 9), ce qui libère l'artiste de la tyrannie du miroir et lui ouvre de nouvelles possibilités de figuration du moi vu de près. Fidèle à sa conviction de toujours, selon laquelle un peintre doit travailler à l'échelle, il a recours à la photographie pour adapter son champ de vision aux dimensions de la toile. Dans *The Servant of Abraham*, le visage vieillissant de Sickert se dissout en zones d'un ton brunâtre qui manquent d'effacer ses traits, à l'exception des deux masses plus sombres des yeux sur la surface pâle qui s'effrite. Le titre biblique du tableau est éloquent. À l'instar du serviteur d'Abraham, qui accomplit résolument le serment qu'il avait fait à son maître de trouver une épouse pour son fils Isaac, Sickert est singulièrement dévoué, mais à son art, la seule constante dans sa vie compliquée.

Les photographies de Sickert prises dans les dernières années de sa vie dissimulent tout autant qu'elles révèlent. *Self-Portrait in Grisaille* (1935, cat. 10) est inspiré d'un cliché de 1932 le montrant rasé de frais et jovial, élégamment vêtu d'un modèle du costume à carreau-fenêtre qu'il a privilégié durant une grande partie de sa vie, et regardant directement vers l'appareil photo (fig. 4). Dans le tableau, la tête penchée, il lève les yeux et endosse le rôle d'un vieil homme tassé et désabusé quittant la Royal Academy

of Arts, à Piccadilly[19]. En 1935, la Royal Academy ayant refusé de prendre la défense de Jacob Epstein quand ses sculptures ont été attaquées, Sickert démissionne en signe de protestation, de sorte que l'on peut raisonnablement tenir *Self-Portrait in Grisaille* pour un tableau de contestation. S'il y avait inscrit un extrait du texte passionné qu'il publie alors pour défendre les reliefs d'Epstein que la Royal Academy a refusé de soutenir, il n'y aurait pas débat[20].

Dans les années 1930, les rôles que Sickert a la fantaisie de jouer se multiplient, ou du moins, l'artiste les incarne plus volontiers dans des espaces publics. S'il n'existe pas d'autoportraits où il se représente en berger ou en cuisinier, il s'insère, avec sa troisième épouse, Thérèse Lessore, dans ce qu'il est plus largement convenu d'appeler des *conversation pieces*, portraits de groupe en intérieur pour la réalisation desquels il utilise des photographies lui permettant de mettre en scène leur vie conjugale. Dans *The Front at Hove (Turpe Senex Miles Turpe Senilis Amor)* (1930, cat. 11 et fig. 39), on reconnaît Sickert dans le vieillard barbu, et la jeune femme assise sur le banc à ses côtés pourrait être son épouse, mais la citation latine d'Ovide – « un vieux soldat est une chose pitoyable, l'amour sénile l'est aussi » – rapproche plus généralement cette toile de ses *conversation pieces* précédentes (*Ennui*, cat. 133, *Granby Street*, cat. 134 et *A Few Words: Off to the Pub*, cat. 135) qui explorent la psychologie de l'intimité humaine. On ne peut se tromper, en revanche, sur le couple figurant dans *Reading in the Cabin* (1940, cat. 12), qui repose également sur une photographie de journal recadrée, mais Sickert ajoute à l'arrière-plan de ce tableau une rangée de livres soigneusement disposés, « tous de la même couleur et de la même taille[21] ». À la fin de sa vie, son esprit vagabonde, et il confond les lieux et les choses. Les Sickert ayant bien été photographiés chez eux, à Bathampton, le titre du tableau et la casquette de marin à visière que porte le peintre sont des ajouts fantaisistes. Peut-être s'imagine-t-il effectuer une dernière traversée de la Manche vers Dieppe ? Nous pouvons lui accorder ce moment de rêve.

Cat. 1
Self-Portrait, 1882
Plume et encre sur papier
Islington Local
History Centre, Londres

Cat. 2
Self-Portrait, c. 1896
Huile sur toile
Leeds Museums
and Galleries

Cat. 3
*Self-Portrait. The Painter
in his Studio*, 1907
Huile sur toile
Art Gallery of Hamilton,
Ontario

Cat. 4
Self-Portrait. Juvenile Lead,
1907
Huile sur toile
Southampton City
Art Gallery

Cat. 5
*Self-Portrait: The Bust
of Tom Sayers*, 1913
Huile sur toile
The Ashmolean Museum,
Université d'Oxford

Cat. 6
Self-Portrait. Lazarus Breaks his Fast, c. 1927
Huile sur toile
Collection particulière

Cat. 7
Thérèse Lessore, photographie mise au carreau représentant Walter Sickert

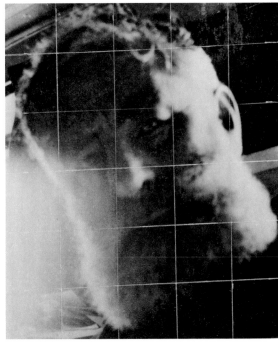

Cat. 8
The Servant of Abraham,
1929
Huile sur toile
Tate, Londres

Cat. 9
Thérèse Lessore,
photographie mise au
carreau représentant
Walter Sickert

Cat. 10
Self-Portrait in Grisaille,
1935
Huile sur toile
National Portrait Gallery,
Londres

Cat. 11
The Front at Hove
(Turpe Senex Miles Turpe
Senilis Amor), 1930
Huile sur toile
Tate, Londres

Cat. 12
Reading in the Cabin, 1940
Huile sur toile
Corsham Court Collection

LES ANNÉES
D'APPRENTISSAGE

PATRICIA DE MONTFORT

LES ANNÉES D'APPRENTISSAGE : DE WHISTLER À DEGAS

« Ne cherchez pas à repeindre tout le tableau selon l'allure actuelle du garçon, et contentez-vous seulement de retoucher les détails. Le tableau est terminé[1]. » Walter Sickert écrit ce vigoureux plaidoyer à James Abbott Whistler au printemps 1885. Trois ans auparavant, il a abandonné de brèves études à la Slade School of Fine Art pour mener l'existence d'assistant d'atelier de Whistler tout en étant son élève officieux. Il craint que les tentatives de son aîné de repeindre la toile en question, *Arrangement in Grey. Portrait of Master Stephen Manuel*, ne la ruinent, estimant qu'il « ne travaill[e] pas assez rapidement pour l'enfant que lass[ent] les nombreuses séances de pose[2] ». Cette citation est extraite d'une lettre dont il ne subsiste qu'un fragment, mais qui, avec le reste de son contenu, offre un éclairage utile sur la relation artistique complexe qui s'était nouée entre les deux peintres.

Sickert est séduit par une esthétique whistlérienne centrée sur la poésie visuelle de sujets de la vie moderne, exprimée avec une suprême économie de moyens. Cela le conduit à occuper auprès du maître les diverses fonctions d'élève, de soutien et de critique. Assistant Whistler dans son atelier, il est également son garçon de courses et l'accompagne lorsqu'il va peindre sur le motif. Il prend également sa défense dans la presse, dès le mois de juin 1882, quand il répond, sous la signature « un étudiant en art », à une critique qui reproche à la toile *Scherzo in Blue. The Blue Girl* de Whistler son caractère « esquissé[3] ». En outre, Sickert est un mécène très fidèle, dans la limite de ses modestes moyens : ainsi Whistler exécutera-t-il au moins trois portraits de son assistant, dont *Sketch Portrait of Walter Sickert* (1894-1895, cat. 13), et deux de sa première épouse Ellen.

Toutefois, à mesure que Sickert gagne en indépendance artistique, il se montre plus critique à l'égard de Whistler, et ce dès 1883, date de sa première rencontre avec Degas. Il convoie alors, pour le compte de son maître, *Arrangement in Grey and Black No. 1*, célèbre portrait de sa mère que Whistler présente au Salon de la Société des artistes français. Sans doute est-ce sous l'influence de Degas, qui le captive, que Sickert aborde le thème du music-hall et d'autres sujets de divertissement populaire. Parallèlement, l'artiste en vient à juger Whistler trop dépendant de la technique *alla prima* (peinture dans le frais), qui consiste à poser les couleurs en un seul jet : Whistler, déclarera-t-il des années plus tard, « je n'ai jamais compris pourquoi », s'était autorisé à assumer « la position très limitée et subalterne de peintre de premier jet[4] ». L'année 1897 marque la rupture de leur relation, les deux hommes se retrouvant dans des camps opposés au procès intenté par le graveur américain Joseph Pennell contre Sickert[5]. Pourtant, à bien des égards, ce dernier demeure fidèle à Whistler, ne cessant de reconnaître sa dette artistique envers lui. Que penser, alors, de leur relation durant cette période d'apprentissage de Sickert dans les années 1880, alors que Whistler se battait pour relancer sa carrière à la suite de son procès en diffamation contre le critique John Ruskin[6] ?

Quelles que soient les circonstances dans lesquelles se terminera leur relation, la connaissance qu'a Sickert de la peinture de Whistler, de même que sa sensibilité pour son art sont sans équivalent à l'époque. Son condisciple, l'artiste d'origine australienne Mortimer Menpes, déclarera que Whistler ne leur a pas dispensé de formation au sens propre du terme et qu'ils l'interrogeaient rarement sur son travail, mais que, en tant qu'assistant d'atelier, Sickert était chargé de disposer les couleurs sur sa palette selon un ordre précis. Il doit également broyer le pigment de peinture blanche au plomb de

Fig. 5
James Abbott McNeill Whistler,
A Shop, 1884-1890,
huile sur bois, 13,9 × 23,3 cm,
The Hunterian, Université
de Glasgow

Whistler et « le mélanger avec de l'huile de lin[7] ». Lors de leurs voyages pour aller peindre sur le motif, comme leur séjour à Saint Ives, en Cornouailles, en janvier 1884, Whistler se lève à l'aube, impatient de se mettre au travail, et, selon Menpes, hurle ses exigences : « Avez-vous préparé mes panneaux ? Avez-vous mélangé ce ton gris et l'avez-vous mis dans un tube ? » De plus, ils dessinent parfois les mêmes modèles (dont le jeune Stephen Manuel). Ainsi Sickert a-t-il acquis une connaissance et une compréhension approfondies de la gamme de matériaux utilisés par Whistler (notamment en l'aidant à effectuer le tirage de ses gravures de Venise), et il est probable que des discussions d'un certain niveau technique aient eu lieu entre les deux hommes à propos des mérites de divers matériaux et de leurs effets potentiels. Ailleurs dans sa lettre à Whistler, outre des éloges flatteurs sur la récente présentation par le maître de son manifeste esthétique, la « Ten O'clock Lecture » [conférence de dix heures] donnée à l'université de Cambridge, Sickert se confie à lui en employant des termes précis :

« J'ai essayé l'huile de pétrole sur une toile grandeur nature : elle est parfaite : elle ne colle pas comme la térébenthine : elle reste humide : elle ne pénètre pas : son effet est plus rapide et plus frais : cinq volumes pour un d'huile brûlée : je souhaiterais que vous l'essayiez. »

Cette citation ne permet pas de savoir avec certitude si Sickert fait allusion à un tableau achevé, mais la date approximative de la lettre, 1885, correspond à son intérêt grandissant pour les devantures de magasins et les personnages dans des embrasures de portes, qu'il manifeste pour la première fois en 1884 à travers des gravures inspirées par Whistler, comme *Six Pence Three Farthings* (1884, cat. 17). Il développe ce thème lors d'une visite à Dieppe en 1885, avec des œuvres comme *A Shop in Dieppe* (1885-1889, cat. 23), *The Laundry Shop* (1885, cat. 22) et *The Butcher's Shop, Dieppe* (1885, cat. 18). Alors que Katy Norris souligne l'influence croissante qu'exerce Degas sur Sickert cet été-là, influence qu'elle décèle dans l'« importance inédite accordée aux détails

architecturaux » dans *A Shop in Dieppe*[8], sa palette et sa touche ample peuvent être plus étroitement rapprochées des devantures de magasins whistlériens de cette période, comme *A Shop* (1884-1890, fig. 5 et cat. 19). Toutefois le deuxième tableau, *The Laundry Shop*, témoigne d'une nouvelle orientation plus visiblement en faveur de Degas. Bien que dans sa lettre à Whistler, ses commentaires confirment généralement une allégeance durable à l'égard de son maître, Sickert est progressivement séduit par la technique picturale fondamentalement traditionnelle de Degas, dans laquelle les couches successives de peinture à l'huile sont accumulées sur un dessin préparatoire. Ce procédé, comme Sickert l'écrit par ailleurs, permet au tableau d'être « produit par étapes conscientes », chaque couche étant laissée à sécher avant l'application de la suivante[9].
À l'époque, sa ferveur expérimentale se manifeste dans la composition en grille et aux contours bien délimités de *The Laundry Shop*, où une attention minutieuse est apportée aux composants individuels, à la différence des contours plus plats et plus flous de *A Shop* de Whistler. Cette ferveur est encore mise en évidence par l'existence d'un dessin préparatoire mis au carreau pour *The Laundry Shop* (qui montre une plus grande surface de devanture, voir cat. 21), et d'une version à l'huile de plus grand format (conservée aux musées de Brighton et Hove) qui se focalise davantage sur la figure se tenant dans l'embrasure de la porte. Sickert réalise également une gravure apparentée, *Dieppe, The Laundry*, rue de la Barre, ainsi que deux gravures figurant Juliette Lambert faisant des emplettes rue de Clieu, qui, comme le note Katy Norris, ont en commun un même format visuel[10]. Parallèlement, les commentaires que Sickert adresse à Whistler dans sa lettre font allusion à la priorité qu'il accorde à la richesse de la surface et à la fraîcheur de la couleur. Ceci s'exprime de manière éclatante dans les contrastes vermillon apportés aux coloris brun-ocre-or de *The Red Shop* (ou *The October Sun*) (vers 1888, cat. 26) ; comme le souligne Wendy Baron, cette palette est également caractéristique des tableaux de music-hall qu'il peint à la même époque[11].

Sans doute l'éventail de ces expérimentations suggère-t-il non seulement l'influence grandissante de Degas, mais aussi l'inquiétude que Sickert éprouve à la perspective de s'écarter de l'esthétique whistlérienne qui a si longtemps dominé sa pensée. Sickert a certainement mis du temps à couper les liens avec Whistler. Si, dans un compte rendu d'exposition publié en 1889, il situe Whistler et Degas à l'avant-garde du dessin moderne – « le flambeau du pur dessin éclaire chaque jour un peu plus, alimenté par de tels adeptes[12] » –, c'est à Whistler qu'il pense lorsqu'il affirme, plus loin dans l'article, que dessiner, c'est saisir « le moment de la journée [...] la vie, l'air et le mouvement [...] l'espace et le rythme. Voilà l'imagination. Voilà la poésie[13] ». Il lui est difficile de se départir de l'intimité technique qu'il a entretenue avec l'œuvre de Whistler depuis le début des années 1880, qui explique vraisemblablement son étude continue des petits panneaux à l'huile du maître (qu'il appelle « pochades », à savoir des esquisses ou études hâtivement exécutées) et sa défense enthousiaste de marines comme *The Bathing Posts, Brittany* (1893, cat. 27), qu'il considère comme la quintessence du génie artistique de Whistler : « Il vous donne, dans un espace de neuf pouces sur quatre, une mer houleuse, ramassée et déferlante, comme aucun peintre ne l'a jamais fait auparavant. L'extraordinaire beauté et vérité des couleurs relatives, ainsi que la précision exquise des espaces, ont assujetti l'infini et le mouvement en une formule architecturale d'une beauté éternelle. Jamais instrument n'a été mieux compris et plus pleinement exploité que Whistler n'a compris et exploité la peinture à l'huile dans ces panneaux[14]. » « Tous les désavantages » de la technique *alla prima* de Whistler, conclut Sickert, « se transforment en avantages » dans ces œuvres[15].

En outre, malgré les désaccords personnels qui s'affirment dans les années 1890 et la baisse de la considération de Sickert pour l'art de Whistler, tous deux partagent, de par leurs origines et leur tempérament, un même cosmopolitisme esthétique. Celui-ci continue d'alimenter chez les deux hommes un art « changeant, rapide, difficile à cerner », comme le note David Peters Corbett à propos de Sickert (mais la remarque pourrait également s'appliquer à Whistler)[16], et les amène, de temps à autre, à revenir aux mêmes sujets de devantures de magasins et de marines, jusque vers la fin des années 1890. La présence de Sickert, comme élève, mécène et critique, pendant une longue période au cours de laquelle il a assisté (et parfois participé) aux efforts entrepris par Whistler pour interroger les lois de ses matériaux, a sans doute contribué à soutenir la progression de son maître vers un art rythmique ayant pour objet la lumière, l'espace et l'atmosphère[17].

Fig. 6
Photographie de James
Abbott McNeill Whistler dans
son atelier de Fulham Road,
1886, tirage sur papier
albuminé

Cat. 13
James Abbott
McNeill Whistler
*Sketch Portrait of
Walter Sickert,*
1894-1895
Huile sur toile
Hugh Lane Gallery, Dublin

Cat. 14
White Violets,
c. 1884
Huile sur panneau
The Courtauld,
Londres (Samuel
Courtauld Trust)

Cat. 15
*Venice, The Little Lagoon,
after Whistler*, c. 1884
Pointe-sèche, encre au
noir de carbone sur papier
The Syndics of the
Fitzwilliam Museum,
Université de Cambridge

Cat. 16
*The Burning of the
Japanese Exhibition,* 1885
Eau-forte, encre au noir
de carbone sur papier
The Syndics of the
Fitzwilliam Museum,
Université de Cambridge

Cat. 17
*Six Pence Three
Farthings,* 1884
Eau-forte, encre brune
sur papier
The Syndics of the
Fitzwilliam Museum,
Université de Cambridge

Cat. 18
The Butcher's Shop, Dieppe, 1885
Huile sur panneau
York Museums Trust
(York Art Gallery)

Cat. 19
James Abbott McNeill Whistler
A Shop, 1884-1890
Huile sur bois
The Hunterian,
Université de Glasgow

Cat. 20
James Abbott McNeill Whistler
The Priest's Lodging, Dieppe, 1897
Huile sur bois
The Hunterian,
Université de Glasgow

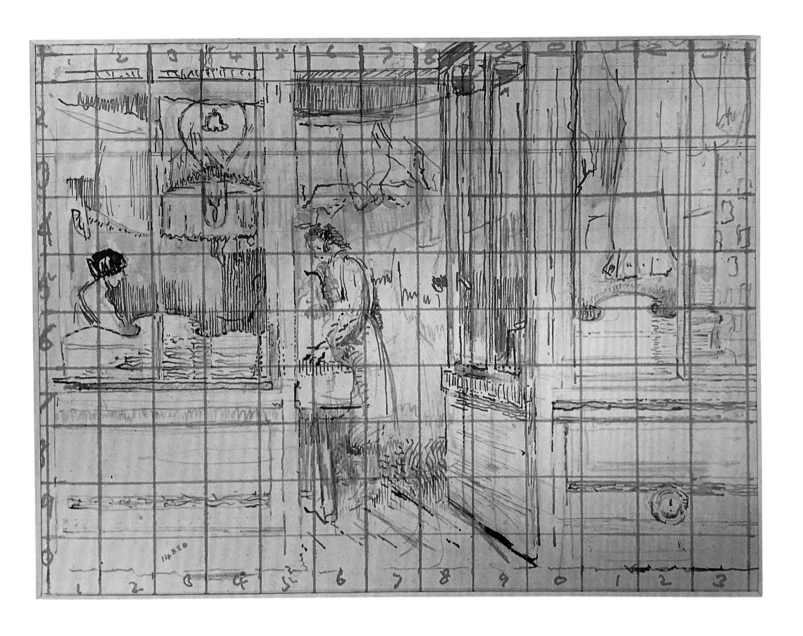

Cat. 21
Shop Front, The Laundry, 1885
Crayon graphite, plume et encre
sur papier
Islington Local History Centre,
Londres

Cat. 22
The Laundry Shop, 1885
Huile sur panneau
Leeds Museums and Galleries

Cat. 23
A Shop in Dieppe,
1885-1889
Huile sur toile
The Hunterian,
Université de Glasgow

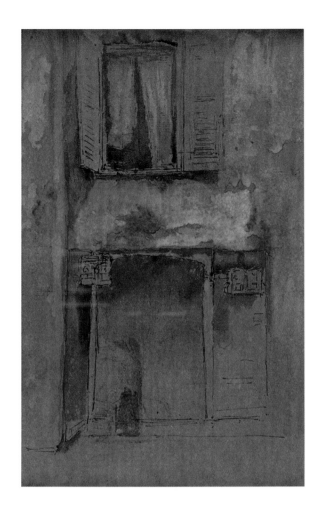

Cat. 24
James Abbott McNeill Whistler
Shop Front: Dieppe, 1897-1899
Plume et encre brune, pierre
noire, aquarelle et gouache
sur papier brun contrecollé
sur carton
The Hunterian,
Université de Glasgow

Cat. 25
James Abbott McNeill Whistler
A Shop with a Balcony,
1897-1899
Huile sur bois
The Hunterian,
Université de Glasgow

Cat. 26
The Red Shop (ou *The October Sun*), c. 1888
Huile sur panneau
Norfolk Museums Service
(Norwich Castle Museum & Art
Gallery)

Cat. 27
James Abbott McNeill Whistler
The Bathing Posts, Brittany,
1893
Huile sur bois
The Hunterian,
Université de Glasgow

Cat. 28
La Saison des bains,
Dieppe, 1885
Huile sur panneau
Brooklyn Museum

Cat. 29
Seascape, c. 1887
Huile sur bois
National Galleries of Scotland

Cat. 30
The Acting Manager, 1884
Eau-forte, encre noire-brune
sur papier vélin
The Ashmolean Museum,
Université d'Oxford

Cat. 31
The End of the Act
ou *The Acting Manager*,
c. 1885-1886
Huile sur toile
Collection particulière

LE MUSIC-HALL

THOMAS KENNEDY

LE MUSIC-HALL ET L'ARTISTE FÉRU DE THÉÂTRE

À l'époque victorienne, les music-halls sont des établissements de divertissement populaire très prisés, qui proposent en soirée des spectacles de variétés réunissant tours de chant, performances de danse ou d'acrobatie, et numéros comiques. Au tournant du XXe siècle, Londres compte plus de trois cents salles de ce type, un nombre qui atteste leur immense popularité[1]. Les établissements les plus grands et les plus célèbres ont pour nom, notamment, Bedford Music Hall à Camden, Oxford Music Hall dans Oxford Street, Collins' Music Hall à Islington et Middlesex Music Hall dans Drury Lane. Walter Sickert s'y rend régulièrement et croque des études qui traduisent non seulement l'exaltation communiquée par les numéros des artistes sur scène, mais aussi les réactions d'un public électrisé par le spectacle ainsi que la théâtralité décorative de l'architecture. Sur la base de ces esquisses, il élabore des tableaux raffinés qui expérimentent de manière inédite formes et coloris. Les tableaux de music-halls londoniens, mais aussi parisiens et dieppois, peints par Sickert montrent l'atmosphère agitée et bruyante qui règne dans ces établissements où se rassemble un public tapageur, de différentes origines sociales. Cependant, ces toiles se heurtent au conservatisme social grandissant en Grande-Bretagne où la critique considère le sujet comme malséant[2]. En dehors des sociétés d'exposition et galeries indépendantes, elles rencontrent d'abord le mépris, mais n'en lancent pas moins la carrière du peintre en Grande-Bretagne[3].

Dès son plus jeune âge, Sickert a rêvé de faire du théâtre[4]. Sa grand-mère maternelle, Eleanor Henry, fut danseuse au *Princess* à Shoreditch, et sa mère Nelly a également la fibre musicale. Elle chante régulièrement pour Walter et ses frères et sœur, et compose des chansons avec son époux, le peintre Oswald Sickert[5]. En famille, on discute opéra et théâtre, le couple familiarisant ainsi ses enfants plus particulièrement aux pièces du répertoire shakespearien[6]. Le jeune Walter, grand amateur de théâtre, assiste régulièrement à des représentations diverses avec sa grand-tante Anne Sheepshanks[7]. À l'âge de dix-huit ans, après avoir achevé sa scolarité à la King's College School et sur les conseils de son père qui le met en garde sur la précarité du métier de peintre, il décide de se lancer dans une carrière de comédien, encouragé en ce sens par sa connaissance des productions théâtrales[8].

En 1880, Sickert est déjà sur les planches. Associé à Sir Henry Irving au Lyceum Theatre, il est l'un des « jeunes gens du Lyceum » auxquels sont confiés des rôles de figurants, mais qui se mêlent également au public et attendent avec dévotion les acteurs et actrices devant l'entrée des artistes[9]. Durant sa courte carrière, Sickert joue également dans la compagnie de William et Madge Kendal, et part en tournée avec celle de George Rignold[10]. Bien qu'il n'ait jamais obtenu que des rôles mineurs, il apparaît dans diverses productions, de *Henry V*[11] et *La Dame de Lyon*[12] à *Othello*[13] et *Le Songe d'une nuit d'été*[14], démontrant ainsi sa connaissance des rôles dramatiques et sa polyvalence sur scène. Finalement décidé à opter pour la voie d'artiste peintre, Sickert s'inscrit en 1881 à la Slade School of Fine Art, mais la scène occupera toujours une place importante dans son existence. Il continue, en effet, à fréquenter assidûment théâtres et music-halls qui deviennent bientôt un sujet artistique déterminant pour sa carrière[15].

En 1882, le jeune homme entre comme apprenti dans l'atelier de Whistler. L'année suivante, il convoie un tableau de son maître, *Arrangement in Grey and Black No. 1* – connu sous le titre de *Portrait de la mère de l'artiste* –, jusqu'au Salon de la Société des artistes français, à Paris, où il fait la connaissance du peintre impressionniste Edgar Degas[16]. La coexistence de l'artiste sur scène et de la fosse d'orchestre dans les représentations de cafés-concerts parisiens par Degas influence rapidement et notablement la pratique de Sickert, comme le montrent les tableaux *The Pit at the Old Bedford* (vers 1889, cat. 38), *Bonnet et Claque. Ada Lundberg at the Marylebone Music Hall* (vers 1887, cat. 34) et *The P. S. Wings in the O. P. Mirror* (vers 1888-1889, cat. 36), qui renoncent à la frontière délimitant la scène et le public. Mais Sickert, répondant à une critique quelques années plus tard, minimisera la portée de cette influence : « Il n'est sûrement pas nécessaire d'aller aussi loin qu'à Paris pour trouver une explication au fait qu'un Londonien souhaite rendre sur la toile une scène familière et frappante au milieu de la ville dans laquelle il vit[17]. »

Parmi les premières toiles du peintre, certaines représentent des artistes sur scène. Les chanteuses de music-hall, comme la célèbre Marie Lloyd, sont connues pour leur interprétation de chansons lestes et comiques, souvent truffées d'allusions sexuelles. S'exposant très souvent à des protestations, voire à la censure, ces chansons sont qualifiées d'« infâmes » par la critique, « vomies par le plus bas étage des chanteurs de variétés[18] ». Cependant, en 1922, T. S. Eliot exprime l'immense popularité de Marie Lloyd en déclarant qu'elle fut « la plus grande artiste de music-hall de son temps en Angleterre » et que sa mort constitue une crise décisive pour les classes populaires comme pour l'Angleterre elle-même[19]. S'il peint des artistes de music-hall de renom, Sickert a également immortalisé des chanteuses qui, sans lui, seraient probablement tombées dans l'oubli. Admirant tout particulièrement Minnie Cunningham, il l'invite à poser pour lui dans son atelier en 1892 (*Minnie Cunningham at the Old Bedford*, cat. 39), et crée alors une œuvre qui associe à l'influence des cafés-concerts de Degas un traitement artistique proche de Whistler – une figure sombre, vue de profil, sur un fond sans profondeur ni arrière-plan[20]. Les autres artistes peintes par Sickert sont notamment Ada Lundberg (*Bonnet et Claque*, cat. 34), Rosie Lloyd et Bella Orchard (duo connu sous le nom des Sisters Lloyd, *The Sisters Lloyd*, cat. 35), ainsi que Florence Louise Hetherington (ou Little Dot Hetherington, *Little Dot Hetherington at the Bedford Music Hall*, cat. 40). Ces toiles non seulement traduisent l'affection de Sickert pour les artistes sur scène, mais aussi expriment ce que ces derniers peuvent alors ressentir. Elles ne sont pas nécessairement composées à partir de son point de vue de spectateur assis dans le public, mais canalisent des souvenirs évocateurs de ses débuts comme comédien[21].

Fig. 7
Une chanteuse et danseuse tragi-comique sur la scène du Middlesex, un music-hall londonien, 1890

Déplaçant son attention vers la salle, Sickert a représenté avec réalisme le public qui fréquente les music-halls. À l'instar des illustrations dramatisées que publient des journaux comme *The Graphic, The Illustrated London News* ou *Harper's Magazine* (fig. 7), ses peintures brossent un portrait authentique des personnes qui affluent dans ces salles[22]. *Gallery of the Old Bedford* (vers 1894-1895, cat. 41) et *Noctes Ambrosianae* (1906, cat. 43) sont parmi ses premiers tableaux à figurer des foules de jeunes hommes rassemblés au poulailler, rivalisant pour voir la scène du haut de la dernière galerie. Les music-halls sont des espaces communautaires au sein desquels s'effrite le concept britannique profondément enraciné de classe sociale, un commentateur les qualifiant de lieux où « les classes moyennes et les classes populaires s'enivraient comme frères et sœurs[23] ». Toutefois, les tenants d'une morale rigoriste les considèrent comme autant d'endroits où sont encouragés l'alcoolisme, l'obscénité et un nationalisme agressif, accueillant un public lubrique « trop sensible aux mauvais exemples et aux valeurs immorales[24] ». Ils réprouvent particulièrement les professionnelles du sexe, déposent fréquemment plainte auprès de la police et demandent la fermeture des établissements tolérant la prostitution[25]. Si les music-halls donnent donc lieu à des perceptions divergentes, les peintures de Sickert décrivent sa propre expérience de ces établissements, et rapportent des observations fidèles, non dramatisées, de gens ordinaires goûtant ces divertissements populaires durant leurs loisirs[26]. Ses œuvres montrent les rapports inconscients des spectateurs avec la performance sociale qui consiste à faire partie d'un public. Qu'ils interagissent activement ou passivement avec les artistes sur scène, ou bien entre eux, au sein de la foule, ces personnages révèlent tout le spectre des échanges qui se créent dans le cadre des music-halls victoriens.

De même qu'il observe l'assistance, Sickert s'intéresse à l'architecture intérieure de plusieurs music-halls, qu'il documente dans ses tableaux. Le Bedford Music Hall, que les habitants du quartier appellent « Old Bedford », est ainsi le sujet de plusieurs compositions, dont *Gallery of the Old Bedford, Little Dot Hetherington at the Bedford Music Hall* et *The Pit at the Old Bedford*. Reconstruit en 1899, l'établissement est rebaptisé Bedford Palace of Varieties (ou, plus familièrement, le « New Bedford »). Il dispose dès lors d'équipements modernes tels que des fauteuils recouverts de tissu peluche, un éclairage et un chauffage électriques, ainsi qu'un rideau de scène motorisé et ignifugé, et un toit coulissant facilitant la ventilation[27]. *The New Bedford* (1907-1909, cat. 49) montre l'architecture somptueuse du nouvel espace. Les murs dorés, ornés de stucs et de cariatides majestueuses, dominent une foule de spectateurs bien habillés assis dans les fauteuils en contrebas, reflétant le charme encore plus éclatant des music-halls de la fin de l'ère victorienne. Une autre toile propose l'une des toutes premières représentations d'une projection cinématographique. Peinte en 1906, *Gallery of the Old Mogul* (1906, cat. 42) figure une foule de spectateurs se bousculant à la Mogul Tavern pour voir l'un des premiers westerns jamais projetés en Grande-Bretagne[28]. Les premiers films cinématographiques font en effet partie du programme du soir des music-halls, avant la création de salles de cinéma spécifiques qui contribueront à la disparition de ces établissements.

Les peintures de music-hall de Sickert signalent le déclin des salles de spectacles de variétés et l'essor de la culture populaire en Grande-Bretagne, offrant le souvenir affectueux des divertissements du tournant du siècle, avant l'avènement de technologies nouvelles. Avec l'invention de la radio et de l'enregistrement phonographique, ainsi que du cinématographe et, enfin, de la télévision, les music-halls perdent progressivement la faveur des générations de spectateurs de l'entre-deux-guerres et de l'après-guerre. La plupart d'entre eux fermeront leurs portes dans les années 1960, et rares sont ceux qui subsistent de nos jours. Si, en 1888, les peintures de music-halls de Sickert sont considérées comme « la plus basse déchéance dont est capable l'art de la peinture », elles seront plus tard célébrées et classées parmi ses œuvres majeures, exerçant leur influence sur les pratiques de nombreux peintres, y compris Spencer Gore, membre du Camden Town Group[29]. Malgré la popularité déclinante des music-halls de son vivant, Sickert ne renoncera jamais à son inclination pour les sujets théâtraux et ne cessera, durant toute sa carrière, d'explorer les autres types de spectacles de divertissement en pleine évolution – la musique et le théâtre, le cinéma et la presse populaire, ainsi que le concept naissant de la célébrité (voir « "L'apôtre très discrédité de l'art du music-hall" : Sickert et la scène », p. 80).

Fig. 8
The Bedford Palace
of Varieties après sa
fermeture en 1959

Cat. 32
Edgar Degas
*Le Ballet de « Robert
Le Diable »*, 1876
Huile sur toile
Victoria and Albert
Museum, Londres

Cat. 33
*Sam Collins's Music Hall,
Islington Green*, 1888
Crayon graphite, plume et
encre, aquarelle sur papier
Lord and Lady Irvine of Lairg

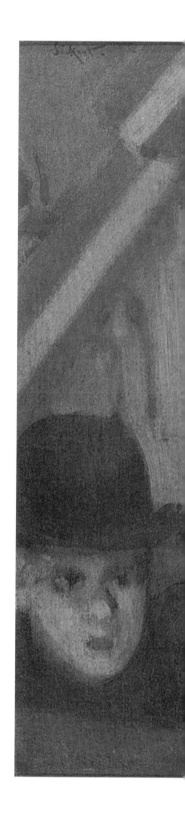

Cat. 34
*Bonnet et Claque. Ada
Lundberg at the Marylebone
Music Hall*, c. 1887
Huile sur toile
Collection particulière

Cat. 35
The Sisters Lloyd, c. 1889
Huile sur toile
Government Art Collection

Cat. 36
*The P. S. Wings in the
O. P. Mirror*, c. 1888-1889
Huile sur toile
Musée des Beaux-Arts,
Rouen

Cat. 37
*Vesta Victoria at the Old
Bedford*, c. 1890
Huile sur toile
Burrows Family

Cat. 38
The Pit at the Old Bedford,
c. 1889
Huile sur toile
Fondation Bemberg, Toulouse

Cat. 39
*Minnie Cunningham
at the Old Bedford,* 1892
Huile sur toile
Tate, Londres

Cat. 40
Little Dot Hetherington at the Bedford Music Hall,
c. 1888-1889
Huile sur toile
Collection particulière

Cat. 41
Gallery of the Old Bedford,
c. 1894-1895
Huile sur toile
National Museums Liverpool,
Walker Art Gallery

Cat. 42
Gallery of the Old Mogul,
1906
Huile sur toile
Collection particulière

Cat. 43
Noctes Ambrosianae,
1906
Huile sur toile
Nottingham City
Museums & Galleries

Cat. 44
Théâtre de Montmartre,
c. 1906
Huile sur toile
King's College, Université
de Cambridge

Cat. 45
L'Eldorado, c. 1906
Huile sur toile
The Henry Barber Trust,
the Barber Institute of
Fine Arts, Université de
Birmingham

Cat. 46
*Gaîté Montparnasse,
dernière galerie de
gauche,* 1907
Huile sur toile
The Ashmolean Museum,
Université d'Oxford

Cat. 47
Gaîté Montparnasse,
c. 1907
Huile sur toile
The Museum of Modern
Art, New York

Cat. 48
Vernet's, Dieppe, 1925
Huile sur toile
The Syndics of the
Fitzwilliam Museum,
Université de Cambridge

Cat. 49
The New Bedford,
1907-1909
Huile et tempera
sur toile
Leeds Museums
and Galleries

Cat. 50
*Eugene Goosens
Conducting,*
c. 1923-1924
Huile sur toile
Daniel Katz Ltd, Londres

Cat. 51
Brighton Pierrots, 1915
Huile sur toile
Tate, Londres

Cat. 52
The Trapeze, 1920
Huile sur toile
The Syndics of the
Fitzwilliam Museum,
Université de Cambridge

BILLY ROUGH

L'APÔTRE TRÈS DISCRÉDITÉ DE L'ART DU MUSIC-HALL : SICKERT ET LA SCÈNE

En juillet 1890, Walter Sickert participe à un entretien publié par la *Pall Mall Gazette*. Intitulé « The Gospel of Impressionism », l'article a pour objet de présenter ce mouvement artistique et l'influence qu'il exerce sur la peinture britannique d'alors[1]. Dans un style caractéristique, enjoué mais informatif, et dans une optique baudelairienne, il met l'accent sur le contemporain : « Nous ne revenons pas en arrière vers des temps anciens, notre histoire parle d'aujourd'hui », explique Sickert[2]. L'artiste plaide en faveur d'un regard artistique sur la métropole moderne qui offre la possibilité de trouver « la beauté, quelque part, dans n'importe quel environnement », et prédit, à propos du tableau de music-hall de Philip Wilson Steer, *Signorina Zozo in « Dresdina »*, 1890, aujourd'hui disparu, « qu'il passera à la postérité en tant que tableau historique[3] ».

Comme il avait vu juste ! Aujourd'hui, Londres ne compte plus que deux music-halls d'origine : le Wilton's (1859) et le Hoxton Hall (1863) ; subsistent également le Victoria Hall (1853) à Settle, le Britannia Panopticon (1857) à Glasgow et le City Varieties (1865) à Leeds. Tous les autres établissements ne sont désormais plus que des fantômes – depuis longtemps démolis ou si profondément remaniés qu'un visiteur du XIXe siècle ne les reconnaîtrait plus.

On aura peut-être du mal à se représenter, aujourd'hui, à quel point ces salles étaient populaires à la fin du XIXe siècle. C'est à Lambeth, en 1852, qu'ouvre le premier music-hall construit à cet effet, le Canterbury, fondé par Charles Morton. Dans les années 1870, Londres en

accueille près de quatre cents[4]. Leur âge d'or, des années 1880 au début des années 1900, coïncide pour Sickert avec les débuts de sa carrière de peintre. En tant que chantre exclusif du music-hall sur la toile, il propose au regardeur du tableau un point de vue unique sur une expérience d'un divertissement populaire que l'on ne connaît plus aujourd'hui.

Le music-hall exerce un attrait tout particulier sur l'artiste. Ce cadre lui offre un sujet moderne, et l'occasion d'explorer des thèmes se rapportant aux genres, aux classes sociales et, fait lourd de sens pour un peintre qui fut auparavant acteur, à la condition éphémère de la représentation scénique. Sickert entretient des affinités profondes avec les planches, et nul autre artiste n'explorera la thématique de ces salles de spectacle avec autant de passion et d'enthousiasme.

Le Palace of Varieties de Carlo Gatti à Hungerford, le Collins's Music Hall de Sam Collins à Islington Green, ainsi que le Marylebone de ce dernier, sont quelques-unes des salles que Sickert a peintes. Celle qui a sa préférence demeure cependant le Bedford Music Hall, une salle discrète de Camden Town, située à l'arrière de la Bedford Arms Tavern. Le Bedford a été inauguré en 1861, on y accède par une étroite ruelle située entre Arlington Street et Camden High Street. C'est un petit établissement populaire, aux murs recouverts de grands miroirs créant une illusion d'espace. Le public s'entasse dans les moindres recoins : « Sickert préférait les petits music-halls périphériques, où le public entretenait avec la scène des relations plus directes, moins

formelles. Il y régnait une atmosphère plus vulgaire, mais aussi plus décontractée. Les vedettes donnaient le meilleur d'elles-mêmes dans une ambiance plus chaleureuse[5]. »

À l'époque où Sickert la fréquente, la salle n'a guère changé depuis les années 1860, ce qui explique peut-être la prédilection du peintre pour cet établissement : « Le Bedford [...] conserve aujourd'hui encore de nombreux traits propres aux music-halls tels qu'ils étaient il y a une génération [...] La salle est depuis longtemps prisée du public en quête de divertissement[6]. » C'est précisément ce public qui constitue le sujet de l'un des premiers tableaux de music-hall de Sickert, *The P. S. Wings in the O. P. Mirror* (vers 1888-1889, cat. 36).

Lorsqu'il présente l'œuvre à l'exposition des impressionnistes londoniens organisée par la Goupil Gallery en décembre 1889, Sickert tait le nom du music-hall et celui de l'artiste sur scène, mais les dessins préparatoires laissent supposer qu'il s'agit du Bedford, le peintre ayant envisagé la réalisation de cette toile dès 1888[7]. *The P. S. Wings in the O. P. Mirror* montre une jeune artiste dont l'image se reflète dans l'un des miroirs du Bedford, le regardeur du tableau étant confortablement assis parmi le public. La juxtaposition est aussi simple qu'efficace. Sous les feux de la rampe, la robe rouge vif de la jeune femme, dont l'éclat est redoublé par le décor du plateau, crée un séduisant contraste avec les spectateurs plongés dans l'ombre, un trio plus âgé, sans traits distinctifs, dans des tons bruns et gris.

Selon Robert Emmons, biographe de Sickert, le public du Bedford se compose généralement de « "petits gars" du quartier, de bookmakers et de leurs clients... C'était un palais merveilleux, où ils oubliaient leurs soucis dans un monde chaleureux, empli d'enchantement et de romance[8] ». Dans la plupart des music-halls, y compris au Bedford, la clientèle est majoritairement composée d'ouvriers : « Les classes moyennes ne fréquentaient guère ces salles de spectacle – sauf les hommes d'un genre bohème comme Sickert... car l'art du music-hall s'adressait presque exclusivement aux classes laborieuses et aux petites gens[9]. » En réalité, les classes moyennes vont incontestablement au music-hall, où l'on voit aussi bien des femmes que des hommes. S'agissant du Bedford, Emmons précise que

son « public était, dit-on, le plus démocratique que l'on puisse trouver à Londres[10] ». On notera que la peinture de Sickert est dominée par des figures féminines, et non par les « petits gars » de la salle. Si les hommes se pressent dans les music-halls, les femmes n'en sont pas absentes ; comme l'illustre Sickert, elles montent également sur scène.

Certes, le monde « d'enchantement et de romance » qui attire le public au Bedford séduit Sickert, mais c'est le pouvoir de la performance scénique sur les spectateurs, ce moment éphémère où le public s'abandonne à l'artiste et se laisse emporter par la chanson, qui le captive véritablement. Les bouches ouvertes des personnages témoignent du caractère fugace de cette expérience. La participation du public est un élément essentiel de l'attrait des music-halls, et dans *The P. S. Wings in the O. P. Mirror*, les spectateurs chantent un même refrain familier qui les unit.

En réalité, dans les années 1880 et 1890, les music-halls sont placés sous surveillance. Les critiques les accusent d'être des antres du vice qui encouragent l'alcoolisme et la prostitution. Au milieu des années 1890, en raison de l'omniprésence des inspecteurs de la commission des théâtres et music-halls du conseil du comté de Londres et la croisade morale de l'écrivaine Laura Ormiston Chant, un brusque virage est pris vers la respectabilité. Reconnaissant l'aversion que les tableaux de music-hall inspirent à la critique, Sickert, au sujet du portrait de la Signorina Zozo par Philip Wilson Steer, explique : « La répugnance que vous en éprouvez trouve son origine dans ses associations avec le music-hall[11]. »

Le travail de l'artiste lui-même n'échappe pas aux critiques : « M. Walter Sickert a toujours été le cas le plus désespéré de la troupe. Il est bien davantage qu'un impressionniste : un incohérent. Il convient de supposer qu'il sait où il veut en venir, mais ce qui est certain, c'est que personne d'autre ne le sait[12]. » Sa connaissance de l'art tel qu'il se pratique à Paris le rassure un peu quant à ses objectifs, mais n'est pas sans lui créer des problèmes avec les critiques anglais. En avril 1889, il présente *Collins's Music Hall, Islington Green* à l'exposition de printemps du New English Art Club. « Il n'est pas nécessaire de se demander quel est l'objectif de M. Sickert quand il choisit un tel sujet », déclare *The*

Scotsman. « Il est probable que ses intentions n'aient jamais été très claires, si ce n'est que les music-halls sont un sujet souvent peint par quelques-uns des impressionnistes français[13]. »

La riposte de Sickert est mûrement réfléchie, bien que manquant quelque peu de finesse : « Il n'est sûrement pas nécessaire d'aller aussi loin qu'à Paris pour trouver une explication au fait qu'un Londonien souhaite rendre sur la toile une scène familière et frappante au milieu de la ville dans laquelle il vit[14]. » En dépit de cette justification, il existe une corrélation indéniable entre Sickert et les impressionnistes, tant dans leurs méthodes de travail que dans le choix de leurs sujets. *The Pit at the Old Bedford* (vers 1889, cat. 38) et *Red, White and Blue* (vers 1889, fig. 9) figurent l'orchestre du Bedford dans des poses similaires, ce qui laisse penser que la composition des deux tableaux repose sur une même série de croquis. Ainsi les toiles de music-hall de Sickert ne seraient-elles pas, pour la plupart, des représentations directes d'un spectacle particulier, mais plutôt la fusion d'idées et de thèmes relatifs à l'expérience vécue au music-hall. La construction d'un tableau sur la base d'esquisses est une pratique qui doit beaucoup à Degas, lequel, selon George Moore, a déclaré : « Aucun art n'est aussi peu spontané que le mien. Ce que je fais est le résultat de la réflexion et de l'étude des grands maîtres[15] ». Sickert, qui a fait sa connaissance au début des années 1880 et le considère comme un ami, lui est ici clairement redevable.

Inspiré par l'impressionnisme, le regard du *flâneur* est également manifeste dans *The Pit at the Old Bedford*, où Sickert réoriente l'attention vers la fosse d'orchestre. Regroupant trois figures dont un violoniste et un violoncelliste, un groupe de musiciens se trouve en contrebas de la scène, juste devant la frise en verre coloré, si familière, de la scène du Bedford. L'artiste demeure invisible, mais sa présence est suggérée par l'ombre projetée sur le rideau, tandis qu'un membre de l'auditoire, au chapeau de paille, regarde depuis le côté droit. L'attention du *flâneur* n'est pas attirée par l'interprète sur scène, mais par le public et l'orchestre. Tout autant que ce qui se passe sur l'estrade, l'observation du public y est pour beaucoup dans l'attrait qu'exerce le music-hall sur la frange bohème des classes moyennes, tels les amis de Sickert, Arthur Symons et Max Beerbohm. Comme le note Symons : « Au music-hall, le public fait partie du spectacle[16]... »

Au début des années 1890, la réputation de Sickert, « apôtre » de la peinture de music-hall, est faite. Il reviendra dans sa salle de prédilection vers 1890 avec *Vesta Victoria at the Old Bedford* (fig. 10 et cat. 37), une composition où jouent plusieurs de ses motifs, et révélatrice tout autant du type de spectacle qui était apprécié dans ces salles que du public qui les fréquentait. Quasiment tombée dans l'oubli aujourd'hui, Vesta (1873-1951) est, en son temps, l'une des plus célèbres artistes de music-hall, sa carrière sur scène s'étendant des années 1870 à la fin des années 1930. Née Victoria Lawrence dans une famille d'artistes, elle a fait ses débuts sur scène à l'âge très tendre de six semaines, participant à l'une des saynètes jouées par son père. Après deux premiers noms de scène, « Baby Victoria » puis « Little Victoria », elle se produit sous le pseudonyme de Vesta (fig. 11) à partir de 1887 au moins[17]. En mars 1890, le journal *The Stage* signale une apparition précoce au Bedford : « [...] une très jolie jeune femme a fait ses débuts sur scène. Son numéro de danse et de chant, de qualité inhabituelle, a recueilli des applaudissements nourris[18]. » Vesta assied sa notoriété au début des années 1890. En 1892, elle fait une tournée aux États-Unis avec sa chanson la plus fameuse, *Daddy Wouldn't Buy Me a Bow-Wow*, écrite par Joseph Tabrar spécialement pour elle[19].

Pour interpréter ce succès, Vesta se produit sur scène avec un accessoire particulier, un chaton. L'accessoire que Sickert confie à sa chanteuse relève d'un choix éloquent. Elle tient dans ses bras un banjo, instrument très populaire auprès des jeunes femmes des années 1880 et 1890, époque de « banjo mania »[20]. Si l'artiste n'est pas réputée en jouer, il se pourrait qu'elle l'ait utilisé comme accessoire sur scène, peut-être en référence à cette mode du banjo.

Les esquisses préparatoires nous renseignent également sur la classe sociale des spectateurs. Dans deux d'entre elles plus particulièrement, en bas à gauche, on découvre un personnage masculin coiffé d'un canotier en paille (fig. 10)[21]. Au cours de l'été 1893, ce chapeau, traditionnellement réservé aux gens de la campagne, devient un accessoire de mode prisé par les gentlemen des classes moyennes urbaines. « Ce n'est que depuis l'été dernier que les Londoniens ont adopté le chapeau de paille qu'ils portent avec une certaine liberté »,

observe le *Huddersfield Chronicle* en août 1894. « Auparavant, aussi loin que l'on puisse se souvenir, un homme se prétendant élégant eût commis un crime social en se montrant dans les rues de Londres coiffé d'un couvre-chef autre que le haut-de-forme[22]. » La présence de cette figure au Bedford, salle traditionnellement tenue pour accueillir uniquement un public ouvrier, est ainsi révélatrice, confirmant l'affirmation de Robert Emmons sur le caractère démocratique de sa clientèle.

Mais un autre public apparaît également dans *Vesta Victoria at the Old Bedford*. Dans l'angle haut gauche de la toile figurent en effet les *boys* du dernier balcon, où l'ambiance est généralement la plus turbulente et gouailleuse. Tout en haut, occupant les places les moins chères, on trouve la même population que celle représentée dans *Gallery of the Old Bedford* (vers 1894-1895, cat. 41), et un groupe analogue assiste au numéro d'Ada Lundberg au Marylebone dans *Bonnet et Claque* (vers 1887, cat. 34).

Comme Vesta, Ada (1850-1899) est une des plus célèbres humoristes de revues de music-hall. Née à Bristol, elle fait carrière en interprétant des personnages de femmes irlandaises, typiquement ivres, qui sont autant d'études de caractère menées avec un sens du pathétique empli de respect. Selon l'hebdomadaire *The Era*, elle est une « comique de music-hall admirablement douée. [...] Rarement, en effet, une artiste a reçu un accueil comme celui réservé à cette sagace interprète de comédie populaire[23]. »

Les numéros sentimentalo-comiques d'Ada évoquent les difficultés vécues au quotidien par son public. En avril 1889 par exemple, elle se produit sur la scène du Bedford en brandissant un tisonnier, « apprenant au public l'inconduite de son mari, et lui confiant en secret comment elle entend s'occuper de lui[24] ».

Le titre du tableau de Sickert fait référence à l'une des chansons les plus populaires d'Ada, *All Thro' Sticking to a Soldier*, écrite par Harry Wincott, un « succès colossal » de l'artiste[25]. Le peintre représente Ada sur la scène du Marylebone Music Hall, salle attenante au pub *Rose of Normandy*, au 32-33 Marylebone High Street, où la comique s'est produite régulièrement entre février et avril 1887.

Au music-hall, Sickert n'est pas séduit uniquement par les interprètes sur scène. La plupart d'entre eux sont accompagnés de salle en salle par un groupe d'admirateurs enthousiastes, la « claque » mentionnée dans le titre du tableau. Sickert, lui aussi, suit les artistes féminines qu'il apprécie, comme Katie Lawrence et Bessie Bellwood. Ici, la claque d'Ada est figurée à l'arrière-plan du tableau. Son auditoire, comme celui de *The P. S. Wings in the O. P. Mirror*, est sous le charme, chaque spectateur, captivé, oubliant sa réalité quotidienne ; le regard collectif du public – bouche bée devant l'intensité du spectacle ou chantant à tue-tête avec l'artiste – est rivé à la scène.

Dernier point, mais non des moindres : Sickert porte principalement son attention sur les interprètes féminines, et en effet, les femmes jouent un rôle de tout premier plan sur les scènes de music-hall. L'édition de 1878 de *The Era Almanack*, par exemple, énumère un nombre quasi identique d'interprètes féminins et masculins de numéros comiques. Sur un nombre total de 1 883 artistes de music-hall, 384 sont des « chanteuses sentimentalo-comiques » et 357 des « chanteurs comiques[26] ».

Dans la société victorienne patriarcale, le music-hall ouvre ainsi des perspectives aux femmes et, ce qui est capital, leur donne une voix – publique, qui plus est. La scène de music-hall leur offre la possibilité d'explorer les aspects de la condition féminine qu'elles vivent personnellement au quotidien. Elles chantent leurs espoirs et leurs désillusions, leurs craintes et leurs joies, et ce faisant, partagent avec le public un univers qu'il connaît intimement. Peut-être les chansons étaient-elles pimentées d'humour, leur message n'en demeure pas moins authentique.

Le choix de Sickert de privilégier les interprètes féminines est révélateur. Ses peintures non seulement soulignent leur popularité, mais également révèlent son admiration pour leur talent. Les artistes doivent nécessairement savoir captiver leur public, surtout sur une scène de music-hall. Peut-être Vesta et Ada manifestent-elles une présence scénique qui a manqué à Sickert à l'époque où il était lui-même acteur sur les planches du Lyceum et du Sadler's Wells ?

Les tableaux de music-hall de Sickert sont autant d'évocations tangibles de l'instant éphémère que partagent le public et l'artiste, cet instant insaisissable où l'enchantement du spectacle transporte les spectateurs. Caractéristiques de la vie urbaine moderne, les salles de music-hall étaient des espaces sociaux désinhibés, au dynamisme captivant. Elles représentaient pour Sickert un sujet qui se prêtait à la peinture contemporaine. Comme il le note en 1889 : « Le programme d'étude le plus fructueux consiste à persévérer dans l'interprétation de la magie et de la poésie que [les peintres] observent quotidiennement autour d'eux[27]. » Ce sont cette « magie » et cette « poésie » qui accueillaient l'artiste lorsqu'il franchissait les portes de son « cher vieux et rectangulaire Bedford[28] ». L'univers des music-halls a disparu depuis longtemps, mais il nous ouvre encore ses portes à travers les peintures de Sickert.

Fig. 11
« Miss Vesta Victoria »,
The Amusing Journal,
10 juin 1893

Cat. 53
Music Hall Gallery with Figures, c. 1888
Crayon graphite sur papier
National Museums Liverpool,
Walker Art Gallery

Cat. 54
Figures in an Auditorium,
c. 1888
Crayon graphite sur papier
ligné
National Museums Liverpool,
Walker Art Gallery

Cat. 55
*Audience with Woman in
Hat Seen from the Back,*
c. 1888
Crayon graphite sur papier
National Museums Liverpool,
Walker Art Gallery

Cat. 56
*Figures in a Box, Gaîté
Montparnasse,* c. 1907
Pierre noire, plume et
encre, rehauts de craie
blanche sur papier
mis au carreau
National Museums
Liverpool, Walker Art
Gallery

Cat. 57
*Man Seated with a Woman
Alongside,* c. 1913-1914
Pierre noire, plume et
encre, rehauts de craie
blanche sur papier
National Museums
Liverpool, Walker Art
Gallery

Cat. 58
*Drawing of a theatre/
music hall audience
[Vernet's café-concert,
Dieppe],* c. 1919-1920
Plume et encre sur papier
Tate, Londres

Cat. 59
Drawing of a man in top hat and coat tails on stage [Vernet's café-concert, Dieppe], c. 1919-1920
Crayon graphite sur papier
Tate, Londres

Cat. 60
Drawing of a ballerina pirouetting, c. 1919-1920
Crayon graphite sur papier
Tate, Londres

Cat. 61
Drawing of a man in hat and jacket on stage [Vernet's café-concert, Dieppe], c. 1919–1920
Crayon graphite sur papier
Tate, Londres

Cat. 62
String Players in a Women's Orchestra, c. 1922-1923
Crayon graphite sur papier
National Museums Liverpool, Walker Art Gallery

Cat. 63
Studies of Dancing Couples, n. d.
Crayon graphite sur papier
National Museums Liverpool, Walker Art Gallery

Cat. 64
Brass and Wind Instrumentalists,
c. 1922-1923
Crayon graphite, plume et encre
sur papier
National Museums Liverpool,
Walker Art Gallery

AU-DELÀ DU PORTRAIT

CAROLINE CORBEAU-PARSONS

AU-DELÀ DU PORTRAIT : SICKERT ET LA REPRÉSENTATION

Sickert a toujours entretenu un rapport ambivalent avec le portrait. En tant que critique d'art, il oscille, dans ses écrits, entre un réquisitoire contre une entreprise qu'il juge commerciale et une véritable compassion pour leurs auteurs : « Le portraitiste n'est pas libre, il occupe une place utile et honorable dans un monde de l'offre et de la demande[1]. » En tant qu'artiste, il se tourne vers le portrait dans les années 1890, époque où, son mariage avec Ellen Cobden battant de l'aile, sa situation financière devient plus incertaine. Fait révélateur, plus de la moitié des tableaux qu'il expose au New English Art Club (NEAC) entre 1890 et 1895 sont des portraits. De la part d'un homme qui, plus tard, dira que les expositions sont « principalement utiles […] en tant que publicité[2] », l'attention prioritaire qu'il porte alors à un genre potentiellement lucratif ne peut que répondre à une stratégie délibérée. Cependant, ses efforts pour s'établir comme portraitiste n'obtiennent pas un franc succès, ou du moins pas celui escompté si l'on part du postulat douteux qu'il prétend sérieusement rivaliser avec les plus grands portraitistes mondains de l'époque.

Sickert a peint plusieurs personnalités artistiques renommées, et certaines de ces toiles ont joué un rôle dans sa stratégie d'exposition, sans être, toutefois, des commandes lucratives. Le tableau raffiné en pied de Philip Wilson Steer (fig. 12),

nonchalamment assis devant son *Portrait of Miss Fancourt*, compte au nombre des œuvres exposées en 1890 au NEAC, où les visiteurs ont aussi pu découvrir son pendant, un portrait de Sickert par Steer (aujourd'hui perdu). Walter Sickert peint également un portrait très spontané, brossé de manière quasi calligraphique, de son ami Aubrey Beardsley, célèbre illustrateur émacié par la tuberculose mais toujours dandy (cat. 65). Plus tard, dans les années 1900, il exécute un tableau de facture impressionniste représentant le peintre Jacques-Émile Blanche, un ami et mécène (cat. 67). Le figurant coiffé d'un haut-de-forme, il choisit de le montrer moins comme un artiste que comme un mondain. Enfin, il réalise le portrait de Harold Gilman, un confrère membre du Camden Town Group, en adoptant une touche fractionnée et mouchetée (cat. 68). Cette toile, peinte avec une grande économie de moyens, reflète le style de peinture privilégié par le groupe et restitue l'intensité du regard perçant de Gilman. Mais ces œuvres s'inscrivent toutes sans équivoque dans la catégorie des portraits d'amitié (*friendship portraits*), et seront offertes à leur modèle.

Sickert compte l'écrivain renommé Israel Zangwill parmi ses modèles (cat. 66). Cette éminente figure du sionisme étant un ami d'Ellen Cobden, première épouse du peintre, son portrait pourrait également avoir été

réalisé en gage d'amitié, ou moyennant un prix peu élevé, sans être une commande rémunératrice. Il est notable que les Sickert et les Zangwill ont séjourné ensemble à Venise. L'arrière-plan architectural vénitien sur lequel est représenté l'auteur de profil pourrait faire référence à ce voyage, ainsi qu'au roman de Zangwill, *Les Enfants du ghetto*, qui a pour cadre la cité des Doges. Les portraits par Sickert du gratin de la société, dont les membres sont traditionnellement les principaux commanditaires de ce genre de tableaux, ne sont toutefois pas nombreux. *Mrs Swinton* (1906, cat. 69) est à cet égard une exception remarquable, ainsi qu'un exemple édifiant. Dix ans auparavant, John Singer Sargent, principal portraitiste de l'élite, a peint un éblouissant portrait en pied de Mrs Swinton, dans la tradition du portrait d'apparat (fig. 14). Comme l'on pouvait s'y attendre, il a projeté de son modèle une image séduisante et pleine d'aplomb, affirmant sa position sociale élevée découlant de sa naissance, de son mariage et de son statut de chanteuse lyrique, l'une des plus talentueuses de Londres. Cependant, aux yeux de Sickert, elle n'est pas un modèle comme un autre. Richard Shone rapporte que le peintre l'a rencontrée à l'occasion d'une soirée organisée par Mrs Charles Hunter, éminente mécène, afin que Rodin puisse y « rencontrer les plus belles femmes de Londres », et qu'il est alors « manifestement tombé amoureux d'elle[3] ». S'il réalise d'elle trois portraits officiels, aucun n'est une commande, et tous s'écartent des canons du portrait mondain. Bien loin de figurer, à l'instar de Sargent, une beauté toute britannique au teint de porcelaine, Sickert peint le portrait en buste d'une femme mystérieuse et sensuelle, à la peau mate, aux lèvres et au décolleté généreux. Pour reprendre les mots de Virginia Woolf : « Vêtue de diamants ou d'une chemise de nuit blanche, elle a vu toutes sortes de levers et de couchers de soleil ; aujourd'hui, tout n'est que ruine et naufrage[4]… » L'arrière-plan, très présent, est traditionnellement interprété comme étant Venise, ville que Mrs Swinton n'a, en réalité, jamais visitée[5]. Le portrait, peint d'après une photographie[6], est caractérisé par une fine couche picturale, et le tableau dans son ensemble dénote un caractère expérimental. La main droite de Mrs Swinton est plus suggérée que clairement modelée et, vu de près, l'iris de ses yeux semble recouvert

Fig. 12
Philip Wilson Steer,
c. 1890, huile sur toile,
90,2 × 59,7 cm,
National Portrait Gallery,
Londres

Fig. 13
Photographie représentant
la peintre et sculptrice
Cicely Hey, archives Sickert

d'un voile de peinture chair, dans un entre-deux d'une inquiétante étrangeté. *Mrs Swinton* ne dit pas grand-chose du rang social, de la richesse et de la profession de son modèle, mais bien davantage des explorations en matière de peinture à l'huile que Sickert mène sans relâche.

Le fait que, pour désigner le tableau connu sous le titre *Victor Lecourt* (1921-1924, cat. 79)[7], Sickert n'utilise pas le vocable « portrait » est significatif. Dans une lettre adressée à Andrina Schweder, sa belle-sœur, il explique qu'il « a des séances de pose à la lumière électrique presque tous les jours » et qu'il est « de nouveau plongé dans des sujets à figures [...] Je peins [...] Victor Lecour *[sic]*, une créature superbe, le patron du Clos Normand à Martin-Église[8]. » Ce portrait en pied associe aplats de couleurs vives et motifs rythmiques, et révèle combien l'éclairage artificiel constitue ici l'une des principales préoccupations de Sickert. Le dos du complet de Lecourt et le contour de sa barbe sont comme embrasés par la lumière, également réfléchie par la feuille d'or des motifs du papier peint derrière lui, illuminant cette scène du soir d'un éclairage chaleureux. L'intérieur riche et chamarré dans lequel pose le modèle rappelle les peintures des nabis, alors même que la manière de procéder pour figurer Lecourt évoque le mot d'Édouard Vuillard : « Je ne fais pas de portraits, je peins les gens chez eux[9]. » Le spectaculaire portrait *Cicely Hey* (1923, cat. 78) se focalise moins sur l'environnement de la femme que sur son visage, mais son caractère déroutant n'est pas sans susciter des questions sur la finalité artistique recherchée par Sickert avec ce tableau. La fascination de l'artiste pour la puissance expressive de la lumière atteint sans doute ici son paroxysme. Une photographie conservée dans ses archives, figurant Cicely Hey, peintre et sculptrice (fig. 13), montre à quel point il amplifie les distorsions des traits de son modèle, dues à la lumière émise par l'âtre de son atelier. Comme le souligne ce saisissant tableau monochrome, la préoccupation première de Sickert comme portraitiste n'est pas tant la psychologie ou la caractérisation du modèle que la force plastique de la peinture.

L'exploration sans cesse renouvelée de la technique de la peinture à l'huile, un principe moteur dans son art, en vient à brouiller, dans son œuvre, les catégories du portrait et de la composition à figures. Si l'on accepte la rigoureuse définition du portrait que donne Marcia Pointon – « signifie au sens strict une personne dont on sait qu'il a vécu, représentée pour elle-même. On pourrait ajouter qu'un portrait à proprement parler devrait avoir pour but de représenter le corps et l'âme, ou la présence physique et mentale[10] » –, alors Sickert en a peint relativement peu entre le milieu des années 1890 et le milieu des années 1920, période considérée dans le présent chapitre. L'exubérance et l'énergie qui se dégagent du tableau aux vigoureuses touches sabrées *Blackbird of Paradise* (vers 1892, cat. 73) en font moins un portrait qu'une *tête de caractère*. Il est significatif que, lors de sa première exposition, il ait été intitulé « Une étude d'expression ». Ce n'est que plus tard que Sickert adopta un titre faisant allusion à son poème préféré de W. H. Davies, « The Bird of Paradise ». *Jeanne. The Cigarette* (1906, cat. 74) semble, également, représenter plutôt un type vivant qu'un portrait de la modiste belge Jeanne Daurmont qui, comme sa sœur Hélène, posait pour Sickert. Comme Andrew Causey le fait valoir : « Sickert semble s'être davantage intéressé à généraliser des types d'individus qu'à peindre des portraits réels. Cela ne signifie pas qu'il ait adopté un point de vue distant ou neutre, comme on a pu parfois le prétendre... Il est à maints égards un peintre de genre ou de type plutôt qu'un portraitiste[11]. » Il en va de même pour les tableaux intimistes : *The Mantelpiece* (vers 1906, cat. 75), *Girl at a Window, Little Rachel* (1907, cat. 76) et *The New Home* (1908, cat. 77), tous des portraits de figures féminines représentées seules dans des intérieurs suscitant des interrogations sur leur histoire.

Sickert, critique d'art, condamne le caractère artificiel, selon lui, des conventions du portrait officiel, leur manque de vérité et leur vacuité. Prenant l'exemple du caractère fictif Tilly Pullen, il écrit : « [...] débarrassez Tilly Pullen de ses emprunts et dites-lui de se rhabiller avec ses propres vêtements. Laissez-la quitter l'atelier et grimper le premier escalier venu d'une misérable petite maison. Tilly Pullen devient immédiatement intéressante. Elle est dans un environnement qui signifie quelque chose. Elle devient la matière d'un tableau. Suivez-la dans la cuisine, ou mieux

encore, – car les artistes ont le divin privilège de l'omniprésence – dans sa chambre ; et Tilly Pullen est devenue la matière dont était fait le Parthénon [...][12]. » Sickert applique ce programme esthétique à la lettre en Italie où les prostituées qu'il engage comme modèles, surtout Carolina dell'Acqua et La Giuseppina, alimentent son imagination artistique. Dans *La Giuseppina against a Map of Venice* (vers 1903-1904, cat. 72), une jeune femme introspective, posant contre le motif floral d'un canapé orange, sa chevelure noire rassemblée en chignon, évoque quelque geisha. Dans *Le Châle vénitien* (1903-1904, cat. 70), le modèle (vraisemblablement Carolina) pose gracieusement, en pied, à l'extrémité du même canapé, dans un intérieur dépouillé, regardant, amusée, le spectateur dans les yeux, laissant de bon cœur entrevoir sa vie simple. Sickert a composé les traits de son visage par taches de couleur, les laissant largement indéfinis, les coups de pinceau rendant néanmoins son expression et son humeur. Dans *Two Women on a Sofa –
Le Tose* (vers 1903-1904, cat. 71)[13], de la même période, bien que les traits des visages de Carolina et de La Giuseppina soient entièrement flous, Sickert réussit à esquisser à la fois le lien affectif qui existe entre les modèles et le récit de leurs vies. Ce tableau marque une transition, tout aussi floue, entre le portrait, les études de figures et le renouvellement par Sickert de la *conversation piece* (voir l'essai de Wendy Baron p. 166). Carolina et La Giuseppina ne tarderont pas à poser pour Sickert dans une chambre à coucher, à l'instar de Tilly Pullen, nues.

Fig. 14
John Singer Sargent,
*Mrs George Swinton
(Elizabeth Ebsworth),*
1897, huile sur toile,
231 × 124 cm,
collection Wirt D. Walker

KAYE DONACHIE

À PROPOS DES PORTRAITS DE SICKERT QUI RACONTENT UNE HISTOIRE

Dans son essai intitulé *Walter Sickert. A Conversation* (1934), Virginia Woolf évoque un dîner au cours duquel un invité commente en ces termes la peinture de Sickert : « Quand il peint un portrait, je lis une vie. » Méditant sur ce qu'implique ce commentaire, la femme de lettres exprime plus d'affinités avec l'idée que « Sickert semble être toujours davantage romancier que biographe... Il aime mettre ses personnages en mouvement... »

Cette façon de lire un tableau – d'autoriser l'émergence de pulsions narratives à partir de descriptions picturales inventives – m'intéresse. Sickert affinait son vocabulaire au moyen d'esquisses préparatoires qui lui apportaient une structure, construisant un rythme avec des touches tonales afin de parvenir à la scène finale. L'image surgit au sein d'empâtements barbouillés et de coups de pinceau expressifs qui évoquent son sujet autant que divers récits.

Mrs Swinton (1906, cat. 69) représente, sous une forme audacieuse, Mrs George Swinton (Elizabeth Ebsworth), éminente personnalité de la société édouardienne. Elle posait régulièrement pour Sickert et d'autres peintres de l'époque. Après une brève carrière professionnelle de chanteuse lyrique, interrompue sous l'effet de pressions familiales, elle s'était investie dans les activités caritatives et les philosophies ésotériques. Ici, le visage est semblable à un masque, le profil de trois quarts, les yeux fixes et partiellement vitreux, peut-être le modèle est-il absorbé par des personnes ou des événements situés hors du cadre, ailleurs dans l'atelier. De manière mélodramatique, il est à la fois projection et reflet de l'affect, son

expression tranchante, similaire à du verre, se révélant un miroir pour nous tous. Singulièrement, Sickert place son sujet dans un décor vénitien, alors que Mrs Swinton n'a jamais visité Venise. Cette composition fictionnalisée constitue une invention tout particulièrement intéressante. Le paysage amplifie l'artifice théâtral de la toile de fond devant laquelle se tient l'interprète également fictionnalisée. Les tons verts et assourdis de l'eau transparaissent à travers des zones de sa robe rouge et de son corps, comme si la scène était un arrêt sur image d'un fondu enchaîné cinématographique. Peints avec la même intensité, la figure et le fond compriment cette image en un seul instant.

Le portrait est un genre qui couvre les cimaises des musées et des galeries, créant une foule fantomatique de protagonistes qui tissent le temps, l'histoire et le pouvoir à travers une distribution de personnages représentés et non représentés. Les portraits de Sickert rendent compte de ses centres d'intérêt, l'artiste parvenant à dépasser le cadre académique. Selon moi, c'est un peintre qui élabore des idées forgées à travers ses choix stylistiques. Je lis l'art du portrait de Sickert comme un portemanteau auquel il accroche des acteurs qui s'inscrivent dans le souvenir et le lien affectif, conjurés par l'acte même de peindre. Les vides des zones non peintes de la toile, créés par des marques brouillées d'un pinceau traîné sur la surface, articulent des formes qui semblent s'estomper vers les bords du cadre et peuvent être lues comme des espaces ou des ouvertures vers une élucidation subjective. J'apprécie la théâtralité de ses portraits et

les ajustements techniques comparables au réglage d'un objectif photographique, qui font une mise au point sur les visages émergeant de fonds crasseux et flous. Les expérimentations picturales de Sickert témoignent d'un univers visuel en mutation. Il cherche à capturer l'atmosphère électrique des débuts du cinéma ; sa peinture, aux prises avec le théâtre d'images, semble annoncer la portée culturelle du montage et de l'assemblage.

Les mélodrames tangibles que conçoit Sickert cherchent à s'éloigner de la description littérale de modèles spécifiques, « mettant ses personnages en mouvement ». La peinture s'oriente plutôt vers l'élaboration d'une fiction, créant des personnages qui sont autant d'inventions et qui évoluent selon des décisions picturales et relatives à la composition.

Si, à l'instar de Virginia Woolf, nous envisageons Sickert comme un romancier, alors sa fiction demeure délibérément fragmentée, laissant une narration toujours présente et sans cesse réinventée. Ses portraits sont des histoires élaborées et saisies dans des cadres temporels multiples, ce qui les rend aussi essentiels aujourd'hui qu'ils l'étaient par le passé. Sickert nous autorise à considérer le portrait comme un écran opportun – une scène imaginative, ludique, sur laquelle nous avons la permission de rejouer continuellement nos propres scénarios émotionnels.

Cat. 65
Aubrey Beardsley, 1894
Tempera sur toile
Tate, Londres

Cat. 66
Israel Zangwill,
c. 1896-1898
Huile sur toile montée
sur panneau
National Galleries of
Scotland, Londres

Cat. 67
Jacques-Émile Blanche,
c. 1910
Huile sur toile
Tate, Londres

Cat. 68
Harold Gilman,
c. 1912
Huile sur toile
Tate, Londres

Cat. 69
Mrs Swinton, 1906
Huile sur toile
The Syndics of the
Fitzwilliam Museum,
Université de Cambridge

Cat. 70
Le Châle vénitien,
1903-1904
Huile sur toile
Ivor Braka

Cat. 71
*Two Women on a Sofa –
Le Tose,* c. 1903-1904
Huile sur toile
Tate, Londres

Cat. 72
*La Giuseppina against
a Map of Venice,*
c. 1903-1904
Huile sur toile
M. et Mme Michael
Hughes

Cat. 73
Blackbird of Paradise,
c. 1892
Huile sur toile
Leeds Museums and
Galleries

Cat. 74
Jeanne. The Cigarette,
1906
Huile sur toile
The Metropolitan
Museum of Art,
New York

Cat. 75
The Mantelpiece,
c. 1906
Huile sur toile
Southampton City
Art Gallery

Cat. 76
Girl at a Window,
Little Rachel,
1907
Huile sur toile
Tate, Londres

Cat. 77
The New Home,
1908
Huile sur toile
Ivor Braka

Cat. 78
Cicely Hey, 1923
Huile sur toile
The Whitworth,
Université de Manchester

Cat. 79
Victor Lecourt,
1921-1924
Huile sur toile
Manchester Art Gallery

VENISE
ET DIEPPE

KATY NORRIS

« PLEINES D'ATTRAIT – TRISTES – BLAFARDES – TOUCHANTES » : LES ŒUVRES *PITTORESQUES* DE SICKERT

Fig. 15
John Sell Cotman, *Saint Jacques Façade,* 1818, crayon graphite et lavis d'encre sur papier, 29,3 × 23,2 cm, Birmingham Museums and Art Gallery

Au début de l'année 1898, Walter Sickert affirme dans une lettre à son amie Florence Humphrey qu'il ne supportera plus de passer un autre hiver à Londres. « Il y fait trop sombre, déplore-t-il, et la vie est trop courte[1]. » Séparé de sa première épouse, Ellen Cobden, et traversant une crise financière, voire artistique, il est lassé de la capitale britannique, une ville qui est au centre de son activité sociale et professionnelle. L'été de cette même année, il fait une pause à Dieppe, sur la côte normande[2], et au mois de juillet de l'année suivante, il abandonne tout projet de retour. De sa nouvelle résidence, la maison Villain, il écrit de nouveau à Florence Humphrey, lui demandant de régler les derniers détails dans son atelier de Robert Street à Londres. Son avenir, affirme-t-il, est à Dieppe, ses moyens de subsistance étant tributaires de possibilités inédites de tableaux de paysage ici inspirés par le mélange éclectique de sites historiques et de nouveaux lieux de divertissement qu'offre la ville. « Je vois ma ligne. Pas de portraits. Des œuvres pittoresques, déclare-t-il. Cette ville, Dieppe, c'est désormais mon unique mine d'or, et je dois la travailler un peu avant de pouvoir atteindre un confort acceptable[3]. »

En qualifiant de « pittoresques » les paysages urbains qu'il peint à Dieppe, Sickert n'ignore pas que ce mot suscite dans l'imaginaire populaire britannique des associations bien précises. Le terme est apparu pour la première fois en esthétique au XVIIIe siècle déjà, faisant alors référence à un idéal rustique, sentimentalement évocateur, distinct de la construction rationnelle de la beauté privilégiant l'harmonie et la symétrie. Tout au long du XIXe siècle, des artistes et des théoriciens de la culture, y compris John Sell Cotman (fig. 15), William Turner et John Ruskin, ont contribué à façonner ce discours, exaltant les vertus du charme visuel rocailleux qu'ils identifiaient dans les monuments effondrés et les ruines architecturales altérées par le temps. Leurs écrits et leurs images ont encouragé une nouvelle génération de représentants des classes oisives à voyager à travers la Grande-Bretagne et l'Europe continentale pour découvrir ces phénomènes par elle-même. Dieppe, où abondent alors les édifices gothiques en ruine, est ainsi devenue l'une des étapes de l'itinéraire, les touristes britanniques reconnaissant ses monuments médiévaux qu'ils ont vus dans des gravures anciennes et des cartes postales.

La reproductibilité de cette iconographie populaire toute faite séduit Sickert. Entre 1898 et son retour en Angleterre en 1905, il s'attache à maximiser le succès financier des attractions dieppoises, reproduisant la structure et le décor de sites familiers dans nombre de gravures, dessins et peintures, qu'il envoie à diverses galeries londoniennes et parisiennes. Encouragé par l'accueil positif de ses marchands, Sickert entreprend plusieurs courts voyages à Venise, où il a séjourné une première fois en 1895, en quête de motifs pittoresques. Il y retourne avec une motivation renouvelée, élaborant chaque fois de nouvelles compositions en plusieurs temps, principalement en réalisant des études préparatoires, comme à Dieppe, mais aussi, presque certainement, en utilisant la photographie[4].

Au début des années 1900, il dispose ainsi d'un vaste matériel qu'il exploite dans son atelier pour élaborer ses tableaux. Il revient aux mêmes motifs maintes fois, répétant des scènes vénitiennes du pont du Rialto, de l'église Santa Maria della Salute et de la basilique Saint-Marc, ainsi que des vues du port de Dieppe, de la promenade et de l'église Saint-Jacques sous différentes perspectives. L'ubiquité de cette iconographie architecturale dans sa pratique le réjouit. Il explique à une

autre correspondante que, peignant presque systématiquement ses tableaux pittoresques dans son atelier, loin du sujet, il se retrouve souvent à achever des scènes vénitiennes à Dieppe, et réciproquement[5]. Jacques-Émile Blanche, son ami et soutien de longue date, fait également allusion à cette interchangeabilité en qualifiant Sickert, pour le taquiner, de « Canaletto de Dieppe[6] ».

Il convient de noter que l'approche de Sickert diffère dans les deux villes. Alors qu'il tend à souligner la grandeur de Venise en s'intéressant principalement à ses impressionnantes vues autour du Grand Canal et de la place Saint-Marc, à Dieppe, où la vieille ville est à taille humaine, il s'efforce de mettre en valeur le charme discret des singularités architecturales. On peut également constater que bon nombre de scènes créées à Venise et à Dieppe témoignent d'un style plus proche du naturalisme que de l'idiome romantique habituellement associé au pittoresque. Sickert observe minutieusement Saint-Jacques et Saint-Marc, examinant leurs façades à différentes heures de la journée et sous des conditions atmosphériques changeantes. Bien que travaillant rarement *en plein air*, il

entreprend cette activité dans l'esprit du naturalisme impressionniste, rejouant les faits optiques dans des compositions distinctes, d'une manière comparable à la série des « Cathédrales de Rouen » que Monet a réalisée entre 1892 et 1894 (fig. 16). Prenant du recul pour saisir l'animation des rues de Dieppe, Sickert investit également son travail d'un réalisme quotidien qu'il a découvert dans les toiles de l'église Saint-Jacques peintes par Camille Pissarro à Dieppe en 1901 (fig. 17)[7].

En dépit de ces écarts, le vocable « pittoresque » associé à ses œuvres a sans aucun doute constitué pour Sickert un appât efficace au moment de commercialiser ce nouveau type de peintures de paysage. Ses vues de Venise et de Dieppe traversent la Manche à destination de la Carfax Gallery à Londres, tandis qu'à Paris la galerie Bernheim-Jeune les achète par lots entiers à des fins spéculatives. Face à cette amélioration de sa situation commerciale, Sickert, comme de coutume, a une attitude ambiguë. Plus tard, il évoquera avec nostalgie les avantages financiers de son contrat avec les Bernheim, tout en faisant référence à Venise et Dieppe comme à autant de marchandises et en qualifiant le processus de réalisation de ces tableaux de « vieilles ruminations[8] ». La démarche progressiste de Sickert étant traditionnellement mesurée à l'aune de sa détermination à repousser les limites du goût des classes moyennes, ces œuvres pittoresques occupent également, dans les travaux de recherche contemporains, une place mal définie, secondaire par rapport aux observations dépassionnées de la vie urbaine qu'il livre à Londres, avant et après l'interlude français[9]. Dans cette analyse, sa réceptivité à l'influence continentale est soulignée comme fondamentale pour sa réputation d'artiste moderne. Toutefois, ce sont sa connaissance spécifique du réalisme voyeuriste « par le trou de la serrure » de Degas, ainsi que son aptitude à la canaliser dans des sujets anglais provocateurs – notamment ses music-halls grivois et ses nus dans des chambres miteuses –, qui sont considérées comme sa contribution la plus novatrice à la peinture britannique. Comment, dès lors, interpréter les séduisantes vues que Sickert peint en France et en Italie, qui s'avèrent le soutien indéfectible de sa pratique durant cette période de profonds bouleversements personnels et artistiques ?

Une façon d'aborder cette question consiste à reconnaître la portée internationale de la mission de Sickert, qui va bien au-delà de ses efforts pour perturber les convenances de la peinture britannique[10]. Né à Munich de parents d'ascendances anglo-irlandaise et danoise, il éprouve une inlassable fascination pour les répercussions créatives et professionnelles de son statut multinational. Durant ses séjours à Dieppe dans les années 1890, il cultive le personnage du cosmopolite, cette figure, implicitement masculine, dont on parle beaucoup au tournant du siècle, à même d'accéder à des communautés et des sites culturels hors de son pays de naissance. Dans le domaine des arts et de la littérature, ce statut privilégié est souvent associé à une volonté d'exprimer l'universalité de la vie moderne. Les définitions du cosmopolite et de sa faculté à franchir les frontières nationales coïncident souvent avec des réflexions critiques portant sur le mouvement symboliste paneuropéen, dont les tenants récusent les représentations naturalistes détaillant le caractère et les stéréotypes locaux et défendent les expressions plus poétiques d'une expérience humaine commune.

Les destinations historiques du continent offrent à Sickert un environnement idéalement propice à l'exploration de son double penchant internationaliste et symboliste. À Venise, les ruines d'édifices byzantins et gothiques, legs évocateur d'un empire déchu, sont une métaphore de la fragilité de l'homme. À Dieppe, la juxtaposition de constructions médiévales délabrées et d'une industrie touristique à la façade étincelante propose une analogie tout aussi utile avec l'idée symboliste de vérités essentielles dissimulées sous l'aspect superficiel de la vie moderne. Sickert expose ce théâtre humain dans sa représentation de promeneurs du soir devant un établissement à la mode, l'*Hôtel Royal* de Dieppe, sur un fond de ciel rouge violacé déconcertant (cat. 93). À Venise, il dépeint la façade de la basilique Saint-Marc émergeant dans le crépuscule, exécutant deux immenses panoramas qui, à l'instar de « variations sur un thème » musical, s'avèrent indifférenciables sur le plan de la composition, hormis des modifications de tons, de coloris et de traitement pictural (cat. 80 et 82).

Ce lyrisme rattache son œuvre à un vaste programme international d'innovations esthétiques, notamment aux atmosphériques nocturnes de Whistler, et à la poésie du symboliste Charles Baudelaire dont les descriptions de Paris au crépuscule évoquent les sentiments d'aliénation que le poète considère comme inhérents à la condition moderne. L'historien d'art et conservateur Robert Upstone a comparé d'autres exemples de nocturnes vénitiens peints par Sickert à une scène presque identique de l'aquarelliste écossais Arthur Melville (fig. 18) et à des représentations nocturnes de Bruges dues au peintre belge Fernand Khnopff, faisant remarquer comment chaque artiste a su saisir son sujet sous le voile d'une obscurité ambiante[11]. En se focalisant sur un « coin perdu » historique, Khnopff – tout comme Sickert à Dieppe – détourne l'attention des centres artistiques tels que Paris ou Londres, et contribue ainsi singulièrement à l'iconographie symboliste et à sa représentation de l'environnement urbain comme objet universel de beauté. Parallèlement, la facilité avec laquelle Sickert voyage d'une destination européenne à une autre est un marqueur essentiel de son propre cosmopolitisme.

Quand l'artiste entame un chapitre inédit à Dieppe en 1898, il opère un nouveau virage dans cette kaléidoscopique identité internationale. En quittant Londres, il se sépare délibérément, non seulement de son épouse Ellen, mais aussi de Whistler à qui l'oppose une âpre querelle portée sur la place publique. Peu avant son départ, Whistler a refusé de l'inviter à devenir membre de la Société internationale des peintres, sculpteurs et graveurs, association qu'il a fondée pour réunir des cosmopolites partageant une même communauté d'esprit. Sickert réagit en provocateur, se déclarant ni britannique ni cosmopolite, mais français. S'installant en Normandie, il s'implante fermement sur le marché de l'art parisien, envoyant des œuvres aux sections françaises de manifestations internationales et organisant de grandes expositions avec les Bernheim et la dynastie Durand-Ruel qui, avec Camille Pissarro, l'encouragent à adopter une palette impressionniste plus lumineuse et plus commercialisable[12].

Néanmoins, sous cette superbe se cache la même identité hybride enracinée dans l'ascendance mixte de Sickert. Sa peinture, elle aussi, est assaillie d'incohérences. L'historien d'art Richard Shone fait valoir que, même si

Fig. 18
Arthur Melville,
The Blue Night, Venice,
1897, aquarelle sur carton,
86,4 × 61 cm,
Tate, Londres

Fig. 19
Variation on Peggy,
1934-1935, huile sur toile,
57,8 × 71,8 cm, Tate, Londres

le peintre commence à « remanier les débuts whistlériens avec l'exemple de Monet et de Pissarro », certains « tics et échos » perdurent[13]. À l'exception de quelques scènes vénitiennes plus lumineuses, datant de 1901, et de tableaux ultérieurs figurant Saint-Jacques, exécutés vers 1907, l'œuvre pittoresque de Sickert se caractérise généralement par de puissants contrastes tonals, adaptés de l'enseignement de Whistler. Les effets d'une telle stratégie sont visibles dans les grandes toiles commandées pour un restaurant de Dieppe en 1902, dont cinq représentent des vues classiques, tandis qu'une autre dépeint des baigneurs en costumes de bain à rayures entrant dans la mer (cat. 94). Leur tonalité accentue la définition des figures secondaires et des motifs architecturaux, mais les immerge également dans une atmosphère sombre qui jure avec le chic de l'environnement auquel les tableaux sont destinés. Bien que leur puissante composition scénique soit séduisante, ils n'en sont pas moins teintés d'un scepticisme énigmatique que l'on retrouve dans de nombreuses peintures pittoresques de Sickert, décrites par une mécène comme « pleines d'attrait – tristes – blafardes – touchantes[14] ».

C'est finalement la tendance de Sickert à déformer la vérité mimétique par un rigoureux travail d'atelier qui endigue une conversion totale à l'impressionnisme français. Sa méthodologie réaffirme au contraire son engagement pour la conception symboliste selon laquelle l'esthétisme et l'artifice, tout autant que le réalisme, sont des outils nécessaires pour interroger l'essence du monde environnant. Wendy Baron a énoncé de manière décisive que Sickert avait signalé cet intérêt pour la peinture comme artifice par son utilisation de l'adjectif « pittoresque » qui, dans l'acception du mot italien d'origine *pittoresco*, signifie « à partir d'une image[15] ». L'analyse de Wendy Baron n'attire pas seulement l'attention sur les techniques picturales et les dispositifs visuels que Sickert a élaborés à partir de son étude de sujets architecturaux, elle montre également comment ces composants de base, tout comme les racines étymologiques du mot « pittoresque », étaient transférables entre différents contextes nationaux, comme moyens d'exprimer « l'humeur, le rythme et le tempo[16] ». Imitant la structure du langage verbal ou musical, Sickert a mis en œuvre des blocs de construction symboliques pour convoquer l'émotion et créer une signification qui traverse les divers sites où il a travaillé, ce qui lui a permis de passer, comme Jacques-Émile Blanche l'a écrit, tel le dieu grec Protée doué du don de prophétie, « par différentes étapes en Angleterre, à Dieppe et à Venise[17] ».

Après cinq années consacrées au pittoresque, Sickert se tourne vers des peintures représentant des figures dans des intérieurs. Mais il reviendra de temps à autre à des sujets architecturaux. En 1934, âgé de soixante-quatorze ans, il entreprend l'une de ses dernières scènes vénitiennes, *Variation on Peggy* (fig. 19), qui représente son amie l'actrice Peggy Ashcroft, debout devant une vue du Grand Canal s'étendant jusqu'à l'église Santa Maria della Salute. Élaborant l'œuvre à partir d'une photographie en noir et blanc publiée dans *Radio Times*, Sickert renforce la résonance affective de l'image en recourant à une palette criarde composée de rose, de vert et de bleu. L'artifice poussé ici à un degré extrême représente, à maints égards, la conséquence logique des expérimentations qu'il a menées en France et en Italie trois décennies auparavant. Il nous aide, en outre, à reconsidérer notre relation intime avec les images véhiculées par les médias populaires comme de puissants signifiants d'émotions collectives, tout en mettant à nu les mécanismes du pittoresque. Enracinés dans la nostalgie, ces dispositifs ont le pouvoir de nous émouvoir et de susciter un plaisir, tout autant que de faire naître un sentiment de profonde mélancolie.

Cat. 80
*St Mark's, Venice
(Pax Tibi Marce
Evangelista Meus)*,
1896
Huile sur toile
Tate, Londres

Cat. 81
The Façade of St Mark's.
Red Sky at Night,
c. 1895-1896
Huile sur toile
Southampton City
Art Gallery

Cat. 82
St Mark's, Venice,
1896-1897
Huile sur toile
Courtesy British
Council Collection

Cat. 83
Santa Maria del Carmelo,
c. 1895-1896
Huile sur toile
The Ashmolean Museum,
Université d'Oxford

Cat. 84
The Horses of St Mark's,
1901-1906
Huile sur toile
Bristol Culture: Bristol
Museums & Art Gallery

Cat. 85
The Lion of St Mark,
c. 1895-1896
Huile sur toile
The Syndics of the Fitzwilliam
Museum, Université de
Cambridge

Page précédente (gauche)
Cat. 86
The Façade of St Jacques,
1899-1900
Huile sur toile
The Whitworth,
Université de Manchester

Page précédente (droite)
Cat. 87
The Façade of St Jacques,
1902
Huile sur toile
Collection particulière

Cat. 88
The Façade of St Jacques,
1899-1900
Huile sur toile
Musée des Beaux-Arts,
Rouen

Cat. 89
The Façade of St Jacques,
1907
Huile sur toile
Pallant House Gallery,
Chichester

Cat. 90
The Façade of St Jacques,
1902-1903
Crayon graphite et huile
sur toile
Collection particulière

Cat. 91
The Theatre of the Young Artists, 1890
Huile sur toile
The Atkinson, Southport

Cat. 92
Les Arcades et la Darse,
c. 1898
Huile sur toile
Fondation Bemberg,
Toulouse

Cat. 93
L'Hôtel Royal, Dieppe,
c. 1894
Huile sur toile
Sheffield Museums Trust

DELPHINE LÉVY, ÉDITÉ PAR CLARA ROCA

SICKERT ET LA FRANCE

Walter Sickert a entretenu avec la France des relations durables et profondes qui semblent, aujourd'hui encore, largement oubliées du public de ce pays. Pourtant, Sickert est pétri d'influence française, depuis celle d'Edgar Degas, son mentor après James Abbott Whistler, jusqu'à ses liens étroits avec ses contemporains – les impressionnistes, les post-impressionnistes ou encore les nabis, qu'il côtoie. Il est bien représenté et reçu sur le Continent où il peut compter sur le soutien de ses principaux marchands, les galeries Durand-Ruel puis Bernheim-Jeune, et surtout sur un important réseau, notamment d'artistes amis qui achètent eux-mêmes ses œuvres, tels Jacques-Émile Blanche, Pierre Bonnard ou encore Paul Signac. C'est en France, où le terrain lui a été préparé par plusieurs peintres innovants dans ce domaine, que Sickert expose et vend pour la première fois ses nus et ses scènes d'intérieur. Les critiques lui sont favorables et reconnaissent en lui un peintre proche des artistes français de la même période. Mais après la Première Guerre mondiale, Sickert prend ses distances avec le marché de l'art et, revendiquant de plus en plus son appartenance à une nouvelle école anglaise, avec la France où, après son décès, il va sombrer dans l'oubli pour plus d'un demi-siècle.

Les influences françaises

Grâce à son père qui a directement contribué à sa formation, Sickert connaît particulièrement bien la peinture française du XIXe siècle, notamment Dominique Ingres et Eugène Delacroix, l'école de Barbizon et le groupe des Batignolles. Oswald Sickert (1828-1885) admirait Courbet et, dans sa jeunesse, avait fréquenté l'atelier de Thomas Couture, où il avait rencontré Édouard Manet. Il connaissait également Alphonse Legros, futur professeur de son fils lors du bref passage de ce dernier à la Slade School of Fine Art. Si Walter Sickert n'apprécie pas son enseignement, en revanche il commentera son œuvre de façon élogieuse[1]. Un autre ami de son père installé à Londres, Otto Scholderer, proche de Henri Fantin-Latour, lui a également fait connaître la peinture française contemporaine et lui a enseigné la méthode d'observation cumulative de Horace Lecoq de Boisbaudran permettant de réaliser un dessin de mémoire.

Outre cette connaissance théorique, Sickert connaît également bien la France pour y avoir longuement vécu, ainsi que les courants artistiques qui s'y développent. Contrairement à beaucoup d'artistes étrangers installés dans le pays, il n'a pas mené une vie de bohème à Paris, résidant essentiellement à Dieppe où il a des attaches par sa mère et dont il a produit de très nombreuses représentations. Il a vécu en Normandie une dizaine d'années, entre 1898 et 1905, puis entre 1919 et 1922, et y a séjourné ponctuellement à plusieurs autres reprises. À Dieppe, la fréquentation de Jacques-Émile Blanche, qui devient son ami intime, et de son chalet du Bas Fort Blanc lui permet de participer à la vie artistique française et de s'intégrer dans la bourgeoisie cultivée qui gravite autour de son hôte, notamment la famille Halévy. Grâce à Blanche, Sickert, dès le début de sa carrière, rencontre de nombreuses personnalités du monde culturel anglais et français, tant parisien que dieppois, ainsi que ses futurs galeristes Durand-Ruel et Bernheim-Jeune. Claude Monet, Camille Pissarro, Auguste Renoir, Paul César Helleu, Pierre Puvis de Chavannes, entre autres, et surtout Edgar Degas comptent parmi les habitués du lieu.

Sickert rencontre Degas à Paris où Whistler lui a demandé d'apporter le portrait de sa mère pour le Salon en avril 1883. L'artiste devient véritablement, pour lui, un second

Fig. 20
Edgar Degas, *Six amis
à Dieppe,* 1885,
pastel sur papier monté
sur toile,
114,9 × 71,1 cm,
Rhode Island Museum

mentor à partir de l'été 1885, date de leur séjour commun à Dieppe, et l'incite à une composition plus construite et à l'introduction de la figure. Un grand pastel de Degas intitulé *Six amis à Dieppe* (fig. 20) immortalise cet été : il représente Ludovic Halévy et son fils Daniel, les peintres Henri Gervex, Albert Boulanger-Cavé, Jacques-Émile Blanche et le jeune Walter Sickert, volontairement à part, comme un jeune lion. La rivalité entre Whistler et Degas auprès de Sickert en cet été 1885 fait dire au peintre français : « Le rôle du papillon doit être bien fatigant, allez ! J'aime mieux, moi, être le vieux bœuf[2]. »

Sickert fréquente aussi la Bande noire, menée par Lucien Simon et Charles Cottet, un groupe de peintres pour la plupart bretons qui affectionnent, comme lui, les tonalités sombres. Mais il apprend également à manier des teintes plus saturées, comme le montre la série des music-halls parisiens vers 1906-1907. Au contact des nombreux impressionnistes qu'il rencontre à Dieppe, sa peinture évolue vers des couleurs plus vives et variées, avec une pâte plus épaisse. Dans un esprit « impressionniste » (il a probablement vu la série des vingt « Cathédrales de Rouen » de Monet chez Durand-Ruel en mai 1895, lors de son passage à Paris sur le chemin de Venise), il s'attache à peindre de façon répétitive le même sujet avec des variations. Il s'intéresse en particulier à la coloration des ombres chez Monet, Sisley et Pissarro, et fréquente et étudie les néo-impressionnistes dont il reprend la juxtaposition de touches de couleurs pures. Dans un texte consacré à l'impressionnisme, il relève avec intérêt que chaque touche est appliquée sciemment, propre et séparée, avec une fonction définie et planifiée[3]. Cette approche est celle qu'il recherche désormais dans sa peinture, après avoir rompu avec les harmonies tonales whistlériennes.

Il s'intéresse également aux symbolistes, notamment Puvis de Chavannes, et à ceux qui deviendront les nabis, défendant par exemple en Angleterre, dans ses écrits critiques, la peinture de Vuillard[4]. À partir du milieu des années 1910, il acquiert une proximité avec Bonnard dans le traitement de la couleur. François Fosca estime, en 1930, que « s'il est un peintre français dont Sickert peut être rapproché c'est Bonnard ; tous deux sont à la fois libres et ingénus, savants et libres, coloristes et raffinés. Dédaigneux de tout système, foncièrement

Fig. 21
Edgar Degas, *La Danseuse verte*, 1877-1879,
pastel et gouache
sur papier,
64 × 36 cm,
Museu Nacional Thyssen-Bornemisza, Madrid

indépendants, ils ne cessent d'être séduits par le spectacle perpétuellement changeant de la vie quotidienne[5]. » Sickert et Bonnard sont amis et partagent le même marchand, Bernheim-Jeune, avec qui Sickert signe un contrat à partir de 1903, ainsi que certains collectionneurs communs, comme André Gide. L'admiration est d'ailleurs réciproque puisque Bonnard a acheté plusieurs œuvres de Sickert. Deux nus de Bonnard, peints vers 1900, valent plus spécifiquement d'être mis en regard des nus de Sickert : *La Sieste* et *Femme assoupie sur un lit* (cat. 106) – œuvre marquante par l'audace de la pose comme du cadrage et le contexte de la chambre, et que Sickert a certainement vue lorsqu'elle était exposée chez Bernheim-Jeune. Une autre peinture de Bonnard, *L'Homme et la Femme* (fig. 32), met en scène, comme chez Sickert, un huis-clos dans une chambre, avec un couple nu représenté intégralement par le reflet d'un miroir. Ainsi que le souligne Wendy Baron, les deux artistes partagent alors des tonalités boueuses, notamment le vert olive, et la manière de tracer les contours des figures avec des ombres[6].

L'impact des modèles français sur Sickert se manifeste également dans le choix des sujets représentés. La proximité avec Degas a ainsi joué un rôle assumé dans le motif récurrent du music-hall, et dans son traitement plastique. Sickert a d'ailleurs acheté avec sa femme plusieurs œuvres du peintre français : *La Danseuse verte* (fig. 21), puis *Mlle Bécat au Café des Ambassadeurs* (1877-1885). Il possédera par la suite une autre œuvre de l'artiste, *Femme à la fenêtre* (1871-1872), qu'il échangera en 1902 contre *La Répétition d'un ballet sur la scène* (vers 1874). Même si le traitement des spectacles populaires et des music-halls le rapproche de Henri de Toulouse-Lautrec, assez présent à Londres (notamment avec une exposition à la Goupil Gallery en 1898), Sickert n'a jamais manifesté d'enthousiasme pour ce dernier dans ses critiques. En revanche, il expérimente, dans certains music-halls de la fin de la période, la touche épaisse et les couleurs vives de Georges Rouault (dont il a vu des œuvres au Salon d'automne dès 1904, et dans la salle duquel il est exposé à l'édition de 1906). Le music-hall constitue une sorte d'équivalent anglais aux loisirs populaires traités par les peintres français représentatifs de la

modernité, que Sickert admire et auxquels il se réfère fréquemment dans ses écrits : Honoré Daumier (*Aux Champs-Élysées*), Manet (*La Chanteuse des rues, Un bar aux Folies-Bergère, La Serveuse de bocks*), Degas (*Le Café-concert aux Ambassadeurs*)... Sickert, qui connaît très bien la littérature française, adopte la position du *flâneur* baudelairien dans ses descriptions de la modernité urbaine[7], comme le souligne Anna Gruetzner Robins[8]. Même s'il ne fait pas référence à ce texte dans ses écrits, il est intéressé par la vision de l'art de Baudelaire, exprimée à propos de Constantin Guys : « La modernité, c'est le transitoire, le fugitif, le contingent, la moitié de l'art, dont l'autre moitié est l'éternel et l'immuable[9]. »
Cette influence française se poursuit dans son traitement renouvelé du nu. Si Sickert dénigre les nus idéalisés qui prolifèrent dans les Salons, il s'attache à ceux qui marquent la modernité de la peinture française du XIXe siècle. Il est parfaitement au fait de l'évolution de la représentation du nu au tournant du siècle chez les impressionnistes, les symbolistes, les fauves et les nabis, puisqu'il a vécu en France et expose principalement ses nus à Paris. Il participe notamment au Salon d'automne en 1905, l'année où, dans une salle, sont les fauves. Ces derniers s'intéressent au nu avec une volonté provocatrice de s'éloigner du réalisme des formes et des couleurs dans un genre majeur de l'histoire de l'art. Sickert est également en contact avec les avant-gardes européennes, bien représentées dans la capitale. Ainsi s'est-il clairement inspiré de la modernité de la peinture française et européenne dans la réalisation de ses nus, alors que par la suite, après la Première Guerre mondiale, cette influence est devenue moins sensible dans le reste de son œuvre.

Entre revendication et distanciation
Sickert a explicitement exprimé sa dette à l'égard des artistes français dans une lettre de 1901 écrite depuis la France à Sir William Eden, collectionneur de Degas et peintre amateur : « Suivez l'école française. *Il n'y a que cela* dans l'art moderne. Nous sommes bons seulement dans ce que nous leur devons. Je vivrais certainement en Angleterre si j'en avais les moyens, mais j'ai appris ici ce que je n'aurais pas pu apprendre en une vie entière au pays[10]. »
Il lui explique les raisons de son exil en France :

« Je suppose que le destin s'intéresse à ma technique et m'éloigne du bœuf, de la bière et des music-halls, de la plupart de mes amis et de toutes mes maîtresses, afin que je puisse laisser derrière moi une œuvre[11]. »

À la fin des années 1870 et au début des années 1880, la modernité française – assez présente à Londres grâce, surtout, à George Moore et Durand-Ruel – est curieusement bien acceptée en Angleterre, malgré un contexte de l'art britannique relativement académique et un puritanisme victorien qui contraste avec l'état d'esprit de la jeune République. Les innovations de l'art français ne commencent à soulever des réactions hostiles au Royaume-Uni qu'un peu plus tard : l'intense polémique de 1893 à propos de *L'Absinthe* de Degas, alors exposée à la Grafton Gallery, à Londres, est l'occasion d'un déchaînement francophobe. L'art français est jugé moralement décadent, et la critique exprime le souhait que les artistes anglais reviennent à des sujets et des traitements plus conformes à la tradition britannique. Il est vrai que les groupes d'artistes les plus innovants à Londres, à l'époque, sont le plus souvent d'origine étrangère (les Américains Whistler et John Singer Sargent notamment). Sickert lui-même est à la fois très reconnaissant de ce que lui a apporté l'école française, et en même temps désireux de contribuer à l'affirmation de l'école anglaise.

Ce dernier est ambigu sur la question nationale, entre une réelle dimension cosmopolite liée à son histoire et une conscience des enjeux patriotiques. Il souhaite combattre le conformisme de l'art britannique de son époque en s'inspirant de la modernité française, tout en formant le projet de consolider et de prolonger une école anglaise de peinture. On peut déceler, dans cette filiation revendiquée à l'égard de la peinture britannique, la volonté d'établir une nouvelle peinture nationale capable de rivaliser avec celle du Continent, et de la France en particulier, très présente à Londres avec les expositions d'art contemporain français organisés par Durand-Ruel dès les années 1870, puis les expositions « post-impressionnistes » organisées par Roger Fry en 1910 et 1912.

Sickert et le marché de l'art français : marchands, expositions et amateurs

Dès le début des années 1880, Sickert est donc parfaitement introduit auprès de ses contemporains français, et intégré dans le milieu culturel et artistique parisien grâce, notamment, à Whistler, Degas et Jacques-Émile Blanche. Au début du XXe siècle, ses marchands parisiens successifs sont Durand-Ruel, chez qui il présente sa première grande exposition monographique en décembre 1900, puis Bernheim-Jeune. Il exposera quinze fois à Paris entre 1900 et 1909, présentant aussi des tableaux aux trois salons alternatifs : le Salon de la Société nationale, le Salon des indépendants et le Salon d'automne. C'est, en outre, au sein de la section française qu'il présente des œuvres dans diverses expositions internationales, par exemple à la Biennale de Venise en 1903. Même après son retour en Angleterre, il maintient ses liens avec le milieu artistique français, continuant par exemple, entre 1905 et 1909, à exposer à tous les Salons d'automne – salon dont il est élu sociétaire en 1908, et où il présente surtout ses nus. En 1907 et 1909, il expose de nouveau chez Bernheim-Jeune où il peut compter sur le soutien de Félix Fénéon qui en dirige les activités contemporaines depuis novembre 1906. Celui-ci l'inclut également dans différents projets d'expositions rue Richepance, même après la fin de la collaboration de l'artiste avec Bernheim-Jeune. Sickert participe ainsi à une exposition de nus en mai 1910, puis à l'exposition « La Faune » en décembre 1910, « L'Eau » en juin 1911, et « Soixante nus » en avril 1921[12].

Au début du XXe siècle, l'artiste a déjà acquis quelque notoriété grâce à ses music-halls, puis une certaine cote sur le marché de l'art grâce, en Angleterre, à ses portraits et, en France, à ses paysages – Durand-Ruel et Bernheim-Jeune vendent sans difficulté ses vues de Dieppe et de Venise. Ses peintures de nus et de scènes d'intérieur sont également bien plus rapidement et largement exposées, mais aussi plus favorablement reçues à Paris. À cette période, la France est plus à même que l'Angleterre de montrer et d'apprécier ces scènes subversives sur le plan esthétique et moral. Lors de l'importante exposition monographique que Bernheim-Jeune consacre à Sickert en juin 1904, les numéros 10 à 19 sont des figures dans des intérieurs (*Devant la glace, Jeune femme, Le Déshabillé*). *Cocotte de Soho* (cat. 111) et *Le Lit de fer* (cat. 113) sont exposés au Salon d'automne de 1905. *La Coiffure, Early Morning, Réveil, Woman Washing her Hair* (cat. 116), *Femme nue couchée, Jeanne* et, probablement, *Blanche, Femme nue rousse, La Belle Rousse, Nu au miroir, Le Grand Miroir* et *Nude at a Mirror* sont présentés lors des expositions Sickert chez Bernheim en 1907, et certains de nouveau en 1909. Paul Jamot achète, de même qu'Étienne Moreau-Nélaton et Adolphe Tavernier qui rédige la préface du catalogue de l'exposition de 1909. Cette dernière est associée à une vente aux enchères chez Drouot (fig. 22), au succès mitigé (*Le Grand Miroir* ne trouve pas preneur, malgré sa qualité d'exécution).

Les toiles de Sickert sont donc achetées pour des sommes modestes mais, comme le souhaite l'artiste, par des collectionneurs éclairés, des intellectuels tels André Gide, Daniel Halévy, Félix Fénéon, Romain Coolus, Paul Jamot et Adolphe Tavernier, mais aussi ses amis peintres comme Pierre Bonnard, Jacques-Émile Blanche, Camille Pissarro, Paul Signac ou encore Maximilien Luce. Lors de l'exposition de 1904, soixante-douze des quatre-vingt-seize numéros sont prêtés par une liste impressionnante de personnalités du monde de la culture, et vingt et une œuvres seulement sont à vendre.

Réception critique en France
De manière générale, la critique en France est favorable à Sickert. Arsène Alexandre, du *Figaro*, proclame ainsi, lors de l'exposition de 1904 : « Walter Sickert. Notez ce nom comme celui d'un des artistes les plus exquis, les plus nerveusement personnels, et de qui les œuvres, d'ici peu de temps, seront recherchées par les amateurs comme des bibelots précieux qu'elles sont. L'exposition qu'il fait chez Bernheim d'une centaine de peintures, principalement des vues de Venise, unit je ne sais quelle saveur moderne aux plus impeccables traditions du dix-huitième siècle. Ce tempérament un peu triste, un peu douloureusement rêveur, prend plaisir à se griser de richesse sombre et sobre. Telle vue de Saint-Marc semble peinte avec des roses fanées, telle vue de la Piazzetta est comme un bijou de jais[13]. » Plusieurs critiques soulignent à la fois la filiation avec la peinture française, mais aussi le climat singulier de *spleen*, à l'instar de Robert de Tanlis : « Toutes ces scènes, toutes ces nudités prostrées sur des étoffes aux tons gorgés de poison, s'étalent, ces paysages et ces vues de Paris, d'Italie ou de Londres s'érigent en une atmosphère fuligineuse qui frissonne d'angoisse et semble lourde d'un fatidique *spleen*[14]. » Paul Jamot, dans *La Chronique des arts et de la curiosité*, est également élogieux en évoquant l'exposition suivante de 1907 : « Le visiteur n'est pas étonné que ce peintre anglais très francisé se plaise, comme Baudelaire, à lire les poètes latins. Nue ou habillée, sous les panaches de plume de la soupeuse ou le châle noir de la Vénitienne, il observe, dans ses poses coutumières, professionnelles, de lassitude, d'ennui ou d'affût, la fille stupide, inconsciente ou lamentable, jouet méprisable et attirant du caprice masculin. Il la peint avec un humour dont l'âcreté n'est pas sans saveur ; et il fait preuve d'un talent qui, parti du dilettantisme whistlérien, semble s'être humanisé au contact de notre jeune école[15] ».

Louis Vauxcelles s'est particulièrement intéressé à Sickert. Ainsi observe-t-il, à propos des pastels exposés au Salon d'automne de 1905 : « Sickert est l'homme des harmonies vineuses et noirâtres, des nus jetés sur un lit, le soir, quand les rideaux interceptent toute lumière ; on songe à Edgar Poe devant ces teints plombés, et ces dégradations de tonalités cadavériques[16]. » Gustave Geffroy, quant à lui, écrit : « M. Sickert discerne les formes qui se meurent dans les chambres obscures de Londres[17]. » À propos de *Mornington Crescent Nude* (cat. 119), exposé au Salon d'automne en 1908, Louis Vauxcelles relate encore : « Le poids de la fille endormie est rendu avec un sentiment étonnant du volume. M. Sickert sait mieux que quiconque de l'heure actuelle que sur une esquisse sombre et transparente, et notamment sur le noir, les tons clairs prennent un éclat violent, et que les empâtements légers de tons ambigus (mauves vineux, bleus vert de grisés, orangés sourds, blancs rompus, réchauffés ou refroidis, chantent avec délicatesse[18]. » La palette très singulière de Sickert est donc assez bien perçue en France. Le traitement des couleurs est un objet particulier de recherche pour l'artiste qui ose des tons jugés glauques, en accord avec les sujets qu'il traite. En 1907, Raymond Bouyer écrit que « cet adorateur de Whistler cultive avec talent l'esquisse monotone, l'amertume philosophique de la grisaille et la préciosité des tons sales[19] ». Le critique Félix Monod note, quant à lui, en 1909 : « Sa palette est une pauvresse aux oripeaux flétris. Exquise dans les tons souillés, assortie de verts et de noirs, de glaise verte, de gris caviar, de bleus et de roses blets et étouffés, de rougeâtre et de bis et de lilas morts, elle a trempé dans les hivers de Londres et dans la langue gâtée de la Tamise[20]. » Quelques années plus tard, en 1930, François Fosca, fort de son recul sur l'évolution plastique de Sickert après la guerre, souligne, lui aussi, la singularité de sa palette : « Et encore une fois, quelle science de la couleur ! Sickert est aussi à l'aise en combinant des rapports de gris fanés, que lorsqu'il ose des harmonies stridentes, des accords dont l'acidité sucrée est comme une transposition plastique du *chutney* et de l'aigre-doux. Comme Bonnard, c'est parce qu'il a commencé par associer des tons que d'autres jugeaient sales qu'il peut maintenant jouer avec les tons les plus purs[21]. »

Après la mort de Sickert, la reconnaissance va toutefois basculer du côté britannique, alors qu'en France l'artiste sombre dans l'oubli. Quand bien même ses tableaux y sont beaucoup montrés pendant un demi-siècle, entre 1903 et 1954, ils n'entreront dans les collections publiques, pour l'essentiel, que grâce aux dons de Jacques-Émile Blanche, et les toiles resteront dans les réserves. Wendy Baron rapporte que lorsqu'elle visita le musée des Beaux-Arts de Rouen dans le cadre de la préparation de sa thèse, alors qu'elle recherchait la *Vénitienne allongée à la jupe rouge*, on lui indiqua que le sujet était trop scabreux pour que l'œuvre soit présentée au public. Depuis lors, la situation a évolué, et les toiles de Sickert ont été exposées dans les salles des collections permanentes du musée[22].

Le présent essai consiste en une édition augmentée d'extraits de textes écrits par Delphine Lévy, spécialiste française de l'artiste, et prend la place de celui qu'elle aurait dû écrire en tant que commissaire de l'exposition pour son étape parisienne au Petit Palais. Ces extraits évoquent la relation de Walter Sickert avec la France. Ils ont été sélectionnés principalement parmi ses mémoires de Master 1 et de Master 2 consacrés tous deux à l'artiste, ponctuellement complétés par son ouvrage Walter Sickert, 1860-1942. L'art de l'énigme *(Paris, Somogy éditions d'art, 2016), publié à l'occasion de l'exposition de Dieppe, et mis à jour grâce à sa monographie* Sickert. La provocation et l'énigme *(Paris, Cohen & Cohen, 2021), parue à titre posthume. Des sources et publications complémentaires ont été mobilisées afin d'enrichir cette matière première dans le sens de la thématique choisie pour cet essai du catalogue.*

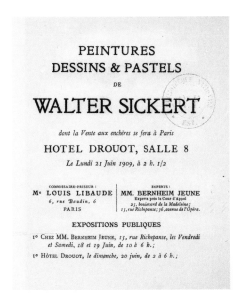

Fig. 22
Peintures, Dessins & Pastels de Walter Sickert,
vente aux enchères,
hôtel Drouot, 21 juin 1909

Cat. 94
Bathers, Dieppe, c. 1902
Huile sur toile
National Museums
Liverpool, Walker Art
Gallery

Cat. 95
Le Grand Duquesne,
1902
Huile sur toile
Manchester Art Gallery

Cat. 96
The Fair at Night,
c. 1902-1903
Huile sur toile
Touchstones Rochdale Art
Gallery, Link4Life

Cat. 97
Café des Arcades
(ou Café suisse), c. 1914
Huile sur toile
Leeds Museums and
Galleries

Cat. 98
Celebrations, Dieppe, 1914
Huile sur toile
Collection particulière
Courtesy Piano Nobile,
Londres

Cat. 102
Maple Street,
1916
Huile sur toile
The Metropolitan
Museum of Art, New York

Cat. 103
*Rowlandson House –
Sunset,* 1910-1911
Huile sur toile
Tate, Londres

Cat. 104
The Garden of Love
ou *Lainey's Garden,*
c. 1927-1928
Huile sur toile
The Syndics of the
Fitzwilliam Museum,
Université de Cambridge

Cat. 105
Easter, c. 1928
Huile sur toile
Courtesy of Board of
Trustees of National
Museums NI

LE NU

LISA TICKNER

SICKERT ET LE NU

Les nus

Dans les cercles artistiques en place sous le règne d'Édouard VII (1901-1910), Sickert est connu, voire célèbre, pour ses peintures de nus. (À propos des dessins qu'il expose à la Carfax Gallery en 1911, Sir William Blake Richmond, membre de la Royal Academy of Arts, décrit sa « dégoûtante exposition de bordel » comme étant « pire que l'art des taudis, pire que la prostitution, parce qu'elle est le fait d'un homme qui devrait être plus avisé[1] ».) Sickert a des opinions bien arrêtées sur la faiblesse des nus de la Royal Academy et du Salon des artistes français, légèrement voilés sous couvert d'allégorie ou de mythe (fig. 24 et 25). Il préconise de moderniser le nu et de lui donner un caractère réel – dans la composition, le cadre et le traitement – comme une représentation plausible d'un actuel « *quelqu'un, quelque part[2]* ». L'intensité de son implication dans le nu à travers ses peintures, dessins et gravures, ainsi que dans les critiques qu'il a publiées fait quelque peu oublier, cependant, que ce genre ne représenta qu'une petite part de son abondante production, restreinte à un peu plus d'une décennie dans une carrière qui dura soixante ans[3].

À l'aube de la quarantaine, Sickert est un artiste reconnu ; il vit à Neuville, près de Dieppe, lorsqu'il peint *The Shoe with a Rose* (vers 1902-1904, cat. 108), une toile qui semble avoir été son premier nu[4]. Le modèle en est probablement sa maîtresse Augustine Villain, « la belle rousse », doyenne du marché aux poissons de Dieppe[5]. *The Shoe with a Rose* est une scène de chambre à coucher, intime et détendue. Pourtant, sa composition n'est pas sans une subtile tension : le lit remonte légèrement en diagonale vers la droite, la femme nue est allongée en travers du matelas depuis la gauche. La silhouette, le lit et le décor se fondent dans une tonalité contenue, l'accent le plus lumineux étant concentré à l'avant de la scène, sur une unique chaussure noire à doublure rose, « voluptueuse », « flamboyante », « tape-à-l'œil et aguicheuse[6] ». Voilà ce que le regard enregistre dès l'abord : une couleur et une forme distinctes dans l'organisation du tableau, mais en même temps une invitation à la narration (s'est-elle déchaussée par passion, épuisement ou désespoir ?) et à la métaphore (allusion à des intérieurs roses et enveloppants, très suggestifs)[7].

Alors qu'il résidait à Dieppe de 1898 à 1905, Sickert a fait trois séjours prolongés à Venise. Lors du dernier, entre l'automne 1903 et l'été 1904, il se détourne des paysages pour aborder les « compositions à figure »[8]. Ses modèles sont notamment des prostituées vénitiennes, La Giuseppina et son amie Carolina dell'Acqua, qui posent séparément ou ensemble, vêtues ou dévêtues, dans l'appartement de Sickert au 940 Calle dei Frati. L'association d'une figure nue et d'une autre vêtue, dans un cadre intime, et l'adoption de poses abruptement raccourcies et sexuellement explicites, constituent de nouvelles évolutions annonçant les nus de Camden Town et les *conversation pieces* qui vont suivre le retour de Sickert à Londres en 1905. Il vise « la sensation d'une page arrachée au livre de la vie », et non les corps idéalisés et le résultat lisse d'un nu académique, ce qui implique des poses naturelles, des décors intimes, des vêtements abandonnés – et des poils pubiens[9].

Sickert expose son point de vue avec la verve qui le caractérise dans un texte intitulé « The naked and the Nude », publié par *The New Age* en 1910[10]. Mi-provocation, mi-manifeste, l'article tourne en ridicule le « puritanisme lubrique » qui a fait naître « un idéal qu'il cherche à rendre digne en l'appelant le Nu, avec un "n" majuscule, et en l'opposant à la nudité ». Ici, Sickert anticipe, mais en l'inversant, une distinction bien connue formulée par Kenneth Clark dans *The Nude. A Study of Ideal Art* (1956)[11]. Selon Clark, le corps humain pesant et imparfait doit

Fig. 23
Nude on a Couch, 1914,
crayon graphite sur papier,
22,3 × 31,6 cm,
Princeton University Art
Museum

Fig. 24
John William Godward,
Venus Binding her Hair,
1897,
huile sur toile,
227,7 × 113,4 cm,
collection particulière

Fig. 25
Joseph Solomon,
Judgement of Paris,
1891,
huile sur toile,
236,2 × 165,7 cm,
collection particulière

être nécessairement transfiguré dans les proportions harmonieuses du Nu idéal. Pour Sickert, cette conception a abouti, dans les expositions officielles, à un « déluge moderne » d'« images vides », produits d'une « faillite intellectuelle et artistique » ayant engendré quantité de reproductions tel *Le Nu au Salon* et de photographies de modèles nus commercialisées sous l'étiquette « études d'artistes ». Les nus du Salon ne sont pas meilleurs et, de son point de vue, sont plus prétentieux que les « tableaux vivants » (fig. 28) offerts à l'époque dans les music-halls[12]. Combien d'années les artistes ont-ils perdues à peindre, sur des toiles grandeur nature, des Tilly Pullen dans des atours d'emprunt ?
« [...] débarrassez Tilly Pullen de ses emprunts et dites-lui de se rhabiller avec ses propres vêtements. Laissez-la quitter l'atelier et grimper le premier escalier venu d'une misérable petite maison. Tilly Pullen devient immédiatement intéressante. Elle est dans un environnement qui signifie quelque chose. Elle devient la matière d'un tableau. Suivez-la dans la cuisine, ou mieux encore, – car les artistes ont le divin privilège de l'omniprésence – dans sa chambre ; et Tilly Pullen est devenue la matière dont était fait le Parthénon, ou un Dürer, ou n'importe quel Rembrandt. Elle devient un Degas ou un Renoir, et la matière pour un dessinateur[13]. »
Les « modernes plus doués » – Sickert songe

à des peintres comme Edgar Degas et Pierre Bonnard – peignent le nu non pas comme une Vénus ou une *Primavera,* mais comme un corps émergeant d'une baignoire ou de draps froissés. Il est nécessaire de « sortir des vieilles ornières de l'expression ». Degas « choisissait sans relâche de dessiner des figures selon des points de vue inhabituels » et, suivant son exemple, le peintre « doit ainsi s'efforcer de poser, d'éclairer et de "couper" le nu », de sorte à « oublier les formules sans vie de générations entières[14] ».

Sickert a vu les *Baigneuses* de Degas dans son atelier lors de leur première rencontre en 1883, puis de nouveau à la dernière exposition impressionniste en 1886 (des pastels comparables de Degas ne sont pas présentés à Londres avant 1905)[15]. À Paris, où il expose régulièrement au Salon d'automne et chez les marchands Durand-Ruel puis Bernheim-Jeune, il se fait connaître comme peintre de nus « modernes », influencé par Degas et familier des œuvres de Bonnard et Édouard Vuillard[16]. En 1910, il n'a pas encore exposé de nus à Londres. Son article « The naked and the Nude », avec son attaque contre « l'idéalisme », et son évocation de Tilly Pullen dans « The Study of Drawing » sont peut-être destinés à préparer le terrain pour la présentation de ses dessins (qui vont tant choquer Sir William Blake

Fig. 26
*Mornington Crescent
Nude, contre-jour*, 1907,
huile sur toile,
50,8 × 61,1 cm, Art Gallery
of South Australia

Fig. 27
*What shall we do
about the rent?*, 1909,
pierre noire et craie
blanche sur papier,
23,5 × 37,5 cm,
collection particulière,
Rotterdam

Richmond) à la Carfax Gallery en janvier 1911, et sa contribution à la première exposition du Camden Town Group au mois de juin suivant[17].

Le retour de Sickert à Londres en 1905 marque le début d'une période largement consacrée au nu féminin, ayant pour cadre une série de chambres louées. L'année de son retour, l'artiste prend un logement à Camden Town, au 6 Mornington Crescent, puis s'agrandit au premier étage en 1907, avant de louer, en 1908, au 247 Hampstead Road. Devenu un faubourg où s'installe la classe moyenne au début du xixᵉ siècle, Camden Town a été ruiné par l'arrivée du chemin de fer. Avec l'effondrement de la valeur des biens immobiliers, les villas familiales ont été subdivisées en de multiples logements occupés par une population flottante de locataires issus de la classe ouvrière[18]. Sickert a été acteur dans sa jeunesse, et dans ces chambres louées, il compose son décor, fait poser ses modèles et dispose les meubles (dont certains lui appartiennent). Le simple lit de fer au cadre arrondi, élément récurrent, est alors utilisé dans les pensions, chambres de domestiques, casernes et hôpitaux, car il s'agit d'un meuble bon marché, « hygiénique » et aisément déplaçable[19]. Il existe un lien intime entre ces chambres et leurs habitants, note Virginia Woolf, et « bien entendu, Sickert compose son tableau jusqu'aux roulettes des chaises et aux tisonniers dans l'âtre[20] ».

Le Lit de fer, Nuit d'été, La Hollandaise, tableaux datant de 1906 environ (cat. 113, 117 et 120), ainsi que d'autres nus de Camden Town ont d'abord été exposés à Paris où ils ont confirmé la réputation de Sickert de peintre explorant les recoins les plus sordides de la vie londonienne. Dans son compte rendu de l'exposition chez Bernheim-Jeune en 1907, le critique Louis Vauxcelles écrit : « Voici d'abord une série de nus, peints au crépuscule, parmi le désordre pauvre des chambres garnies d'hôtels. Ce sont des filles, affalées sur le lit défait, des filles au corps flétri, fatigué par les dures besognes de la prostitution[21]. »

Dans le contexte parisien, on suppose à l'époque que les nus de Sickert sont des prostituées et, en tant que telles, s'inscrivent dans une tradition récente de nus modernes peints par Manet, Degas, Toulouse-Lautrec, Bonnard ou, vers 1907, Picasso et Matisse. Pourtant, à la différence de Degas et de ses monotypes des années 1870, ou de Toulouse-Lautrec dans les années 1890, Sickert n'a pas produit de scènes de bordel. Cependant, il fait parfois appel à des prostituées pour poser comme modèles, ses titres pouvant alors être explicites (*Putana Veneziana*, 1903 ; *Cocotte de Soho*, 1905), et la focalisation abrupte sur les parties génitales dans des œuvres comme *Nuit d'été* et *L'Affaire de Camden Town* (1909, cat. 128) signale la prostitution aux spectateurs contemporains. Dans *La Hollandaise*, le redressement du torse du modèle et la torsion de son bassin peuvent suggérer que le regard qu'elle rencontre est celui d'un client, non celui d'un amant ou d'un ami[22]. *The Studio. The Painting of a Nude* (vers 1906, cat. 121) est étonnamment différent. Ici, une femme nue et un homme habillé sont représentés dans une connivence professionnelle. Le modèle est debout, actif et moins exposé. La lumière, qui tombe directement sur son dos, chatoie en touches de peinture le long du contour de son torse, accroche le haut de sa hanche en un brusque chevron, érafle d'un balayage lumineux les bords de son bras et modèle les volumes des seins, du ventre, des hanches et de la cuisse[23]. Ce n'est que progressivement que la scène se déchiffre comme reflet dans un miroir (il se pourrait que, lors de sa première exposition, *The Studio* ait été titré *Le Grand Miroir*)[24]. L'artiste tourne ici le dos à son modèle et peint son reflet, ainsi que le second reflet de son dos dans une armoire à glace au fond de la pièce. Vraisemblablement est-ce sa veste, suspendue sur un côté, qui découpe, avec le bord inférieur du miroir, le corps reflété du modèle en une sorte de dos tronqué d'un moulage antique. La surface de la peinture en tant qu'objet physique est en même temps, dans l'espace fictif du tableau, la surface du miroir. Là où un nu conventionnel offre un accès illimité au corps dans sa nudité, ici le bras du peintre, tourné vers nous, barre l'accès à la chambre et au modèle qui se trouve derrière. Le plaisir de regarder, que ce soit l'œuvre, le nu ou l'espace intime de l'atelier, est pris en compte et défié, pour ainsi dire retourné contre nous.

En octobre 1906, Sickert se rend à Paris pour le Salon d'automne et y séjourne jusqu'à l'hiver, travaillant, dans ses appartements de l'Hôtel du Quai Voltaire, à une série de nus dont *Woman Washing her Hair* (cat. 116), l'une de ses nombreuses scènes intimes de femmes à leur toilette, dans la tradition d'un Degas ou d'un Bonnard[25]. Il revient à Londres en janvier 1907 et, au mois de mai, agrandit son logement de Mornington Crescent en s'installant au premier étage. Il y déménage une partie de son mobilier et, bénéficiant d'une meilleure lumière, entreprend une série d'« études d'éclairage », alternant des portraits d'une jeune fille juive (Rachel Siderman) et des nus[26].

Une « luminosité vacillante », selon l'expression de Wendy Baron, éclaire la surface de ces peintures, contrebalancée, dans *Mornington Crescent Nude* (vers 1907, cat. 119), par la compacité et le caractère sculptural du corps qui s'enfonce dans le matelas[27]. Avec ses jambes

recouvertes par un drap à mi-cuisse et ses traits plongés dans l'ombre, le buste fait écho à celui du nu hellénistique, probablement un moulage, qui figure au premier plan de *Self-Portrait. The Painter in his Studio* (1907, cat. 3)[28]. Nous pouvons l'imaginer étendu à plat, comme dans *Mornington Crescent Nude*, bien que dans cette dernière peinture, les coloris, l'indication de poils pubiens et les vêtements défaits suggèrent une chair vivante : un vrai corps nu.

Entre 1902 et 1912 environ, alors qu'il peint également des music-halls, des paysages urbains, des portraits et des intérieurs, le nu demeure un thème constant dans l'œuvre de Sickert. En se contentant du quotidien, de Tilly Pullen plutôt que de Vénus, de lits de fer plutôt que de salons de marbre, l'artiste modernise et radicalise le nu. Ses modèles ne traduisent ni « cette offrande rêveuse de soi » ni le regard timidement détourné que T. J. Clark définit comme étant « la formule de politesse la plus caractéristique du nu[29] ». On observe déjà un soupçon de narration lorsque la femme se redresse pour susciter l'intérêt du regardeur du tableau, comme dans *La Hollandaise* ou dans *Mornington Crescent Nude, contre-jour* (fig. 26). La critique française interprète l'œuvre de Sickert comme un « poème nocturne de la misère et de la prostitution londoniennes[30] ». La suggestion de narration s'intensifie, d'abord avec l'apparition d'une figure masculine habillée dans la série du meurtre de Camden Town de 1908-1909, puis dans les *conversation pieces* où le « nu » redevient « nudité » dans une atmosphère d'ennui domestique, de ressentiment ou de lassitude[31]. À partir de 1912 environ, Sickert s'éloigne du nu pour aborder d'autres sujets. En 1914, Wyndham Lewis plaisante du fait qu'après vingt ou trente ans au cours desquels son « réalisme de chambre à coucher » a provoqué « le scandale du quartier », l'artiste a « sombré dans la douce et paisible maturité du bandit[32] ». Le lit de fer apparaît pour la dernière fois, ou presque, dans *Wounded* (1915), un tableau que son auteur décrit comme figurant « une infirmière de la Croix-Rouge bordant un soldat à la tête bandée[33] ».

Les corps

La critique a souvent désapprouvé les corps de Sickert et leur environnement, les tenant indifféremment pour « moisis », « flasques » et « sordides ». En 1911, le *Daily Telegraph* déplore des types de corps évoquant des « fantasmes tragi-comiques et grotesques », et l'« état général poussiéreux, désordonné et je-m'en-foutiste » de

leur environnement[34]. En 1912, P. G. Konody, dans son compte rendu de l'exposition de Sickert à la Carfax Gallery pour *The Observer*, regrette « le plaisir pervers qu'il prend dans les épisodes peu recommandables et sordides de la vie urbaine » ainsi que l'attention qu'il porte aux « types d'humanité avilis[35] ». *The Star* décrit *Summer in Naples* (aujourd'hui connu sous le titre de *Dawn, Camden Town*, cat. 129), exposé en décembre 1912, comme représentant « une hideuse femme d'âge mûr, à l'état de nature, assise sur un lit » (en compagnie d'« un fainéant du coin de la rue[36] »). Claude Phillips, dans le *Daily Telegraph*, fait l'éloge de la virtuosité et de la subtilité de son exécution, tout en se demandant si Sickert est « réellement satisfait de ces réalités moisies et flasques[37] ». Des adjectifs analogues sont encore utilisés de nos jours, non sans raison. Dans un essai sur Sickert, la sexualité et l'identité dans la ville moderne, David Peters Corbett affirme que « le sordide, la saleté et la misère, les seins pendants et les corps d'âge mûr représentent la réalité qui, selon Sickert, avait été niée dans l'art[38]… »

Dans quelle mesure ce lexique du « sordide », « flasque », « grossier », « sale », « misérable », « moisi » et « peu recommandable » est-il justifié ? Comment pouvons-nous savoir, en regardant les tableaux, que les pièces sont « sordides » et non plutôt parcimonieusement meublées, que les corps sont « fatigués » et « hideux » et non plutôt choquants pour des spectateurs accoutumés à l'onctuosité éthérée du Nu, avec un N majuscule ? Le lecteur de l'ouvrage monumental *Sickert. Paintings and Drawings* de Wendy Baron rencontre un échantillon naturel de corps féminins : Mme Villain, (probablement) « la belle rousse » dans *The Shoe with a Rose* ; Carolina et Giuseppina, les jeunes prostituées de Venise ; des corps plus substantiels, aux poses aguichantes, dans *Nuit d'été* et *La Hollandaise* ; Blanche « comme une petite anguille » à Paris en 1906 ; le modèle à l'opulente poitrine de *Mornington Crescent Nude* ; les volumes massifs et la pose explicite de la femme de *L'Affaire de Camden Town*, qui a également posé pour *Dawn, Camden Town* ; avant d'arriver, finalement, à l'un des derniers nus et le plus proche de la description des « seins pendants et corps d'âge mûr », *Jack Ashore* (1912-1913, cat. 132)[39].

Une étude sommaire suggère que Sickert choisit ses modèles – « mon genre personnel de femmes mal fagotées » – et amplifia leurs caractéristiques physiques dans le cadre de la transition qu'il opéra

Fig. 28
Pansy Montague,
choriste australienne,
interprète de premier plan
de « tableaux vivants »

Fig. 29
Alice Neel, *Cindy Nemser
and Chuck,* 1975,
huile sur toile,
105,4 × 151,8 cm,
collection Lillian et Bill
Mauer

du tragique du meurtre de Camden Town vers les tensions domestiques de *Dawn, Camden Town* ou de *Jack Ashore*[40]. Les critiques, qui doivent déjà faire face au caractère non idéalisé et ordinaire de ses nus, jugent « hideux » les corps mûrs dépeints sans fard. Ils auraient fait cause commune avec Kenneth Clark qui écrit :

« Les femmes dont le corps évoque une pomme de terre sont plus nombreuses que les Vénus de Cnide. Le corps féminin tend toujours à retrouver les formes qui soulignent ses fonctions biologiques, ainsi Vénus est toujours prête à retourner à sa condition végétale initiale[41]. »

On cite souvent l'article « Idealism » que Sickert publia dans *Art News* le 12 mai 1910 et dans lequel il déclare : « Les arts plastiques sont des arts bruts, traitant joyeusement de faits matériels bruts [...] et alors qu'ils s'épanouiront dans l'arrière-cuisine, ou le fumier, ils s'asphyxieront dans le salon. » Les lignes qui précèdent cet extrait, consacrées à la figure de Junon dans *Le Conseil des dieux* de Raphaël (1517-1518, Rome, villa Farnesina) sont moins connues :

« Raphaël nous la présente sous une forme très matérielle, avec un visage charnu et brillant, comme une des jeunes femmes de Rowlandson. Ses mains sont grossières, matérielles, les mains, disons, d'une laitière. Elles pendent des poignets comme les mains d'un marin, bien plus que comme les doigts en amande qui agrippent le satin des portraits de M. Sargent[42]. »

Le 12 mai également, Sickert publie « Goosocracy » dans le magazine *The New Age* (et, une semaine plus tard, « Sargentolotry »). Ce qu'il désigne parfois sous le nom de « super-oie » est l'antithèse de Junon et de son « genre personnel de femmes mal fagotées ». L'idéal requis, prôné « toutes les deux pages dans nos journaux quotidiens et hebdomadaires » et s'infiltrant dans les portraits à la mode, se compose d'un petit visage amusant, d'un chapeau ravissant et, à la place de « l'obscénité appelée corps », d'une « cascade perpendiculaire de mousseline ». Une longue et fine chaîne est nécessairement enroulée autour de « doigts délicats sans ongles » afin de suggérer « une âme un peu incomprise[43] ».

Virginia Woolf nous rappelle que les corps de Sickert sont « des corps qui travaillent, des mains qui travaillent, des visages qui ont été ridés, tannés et marqués par le travail », et que sa peinture « est tangible ; elle n'est pas faite d'air et de poussière d'étoiles, mais d'huile et de terre[44] ». En d'autres termes, les « faits matériels grossiers » vont des corps (quelqu'un, quelque part, physiquement et dans la vie sociale) aux pigments (des morceaux de matière aboutissant à des contours éclatés, éclaboussés de lumière). L'art est, pour Sickert, « une fille robuste et piquante », et les gens raffinés sont « probablement les plus éloignés de l'art [...] que toute autre classe[45] ». On a souvent établi un lien entre son œuvre et l'école de Londres, Francis Bacon et Lucian Freud, mais je suis convaincue qu'il apprécierait un changement de scène, peut-être la compagnie d'Alice Neel (fig. 29), Maria Lassnig, Marlene Dumas, Jenny Saville, ou d'autres femmes robustes et piquantes qui s'intéressent davantage à la nudité qu'au Nu.

SOMAYA CRITCHLOW

À PROPOS DU RECADRAGE DU NU CHEZ SICKERT

Le point central de la peinture de Walter Sickert intitulée *The Studio: The Painting of a Nude* (vers 1906, cat. 121), qui fait partie de sa série des nus de Camden Town, est une figure dénudée. Elle est mise en scène comme un double de multiples, prise en sandwich entre les reflets de deux miroirs. C'est une représentation dans laquelle nous, spectateurs, devenons les témoins de l'artifice et de la mise en scène de la création d'images. Mais nous ne sommes pas les seuls spectateurs : au premier plan, fendant le corps de la femme en lui passant devant, il y a le bras d'un homme – celui du peintre et observateur, Sickert lui-même. Il maîtrise le point de vue du public, tout comme il maîtrise le placement et la représentation de son modèle.

Bien que les intentions de Sickert, de prime abord, semblent claires – recadrer et repositionner le nu –, ses tableaux harcèlent le spectateur avec leur déconcertante tension psychologique, une tension qui joue avec le regardeur, l'histoire du nu et les sujets picturaux jugés acceptables.

Dans son essai « The naked and the Nude » (1910), Sickert écrit que les représentations modernes de la nudité ont atteint une telle vacuité qu'elles ne peuvent être considérées autrement que comme avilissantes. À l'aube du xxe siècle, le nu dans l'art est devenu synonyme de la figure féminine comme vision d'une perfection idéalisée jusqu'à l'esthétique la plus sublime. Au contraire, les nus de Camden Town de Sickert offrent à la nudité la possibilité de fonctionner en dehors des limites du nu académique. Ce sont des toiles qui représentent des femmes et des prostituées dans des appartements décrépis, entourées de meubles bon marché, appuyées ou allongées sur des lits de fer.

Le sujet est controversé, peut-être comme mes représentations du corps féminin noir. Les tableaux de femmes que peint Sickert explorent des poses antiacadémiques et une disposition de la figure féminine comme sujet/objet. Lugubres par moments, ils renferment alors des traces de violence, particulièrement dans le groupe de quatre peintures du meurtre de Camden Town, dans lequel est introduite une figure masculine vêtue. Ces tableaux aussi provocateurs que stimulants et novateurs sollicitent de plus sombres et charnelles intrigues et curiosités humaines. Toutes ces images ténébreuses viennent rejoindre celles du *Suicidé* d'Édouard Manet (vers 1877), ou de la sinistre représentation d'un viol dans *Intérieur* (1868-1869, fig. 30), également titré *Le Viol*, du prédécesseur de Sickert, Edgar Degas.

Lors d'un dîner organisé par Virginia Woolf, elle et ses invités ont évoqué la « terre du silence » de Sickert, son aptitude à « voir ce que nous ne pouvons voir, tout comme un chien se hérisse et gémit dans une ruelle sombre alors que rien n'est visible pour un œil humain ». Il est vrai qu'il y a dans l'œuvre de Sickert quelque chose de poétique et de morose que l'on ne peut toucher du doigt, une abstraction de la vie qui explore son côté le plus sombre. La « terre du silence » est la création de ce qui peut être perçu sans être vu, une expérience qui semble familière tout en demeurant intangible. *The Studio. The Painting of a Nude* nous rappelle la familiarité inhérente à la nudité en dissipant l'idéalisation du nu, mais nous trouble davantage encore en la situant derrière une façade explicite – l'acte de peindre, une construction de l'art.

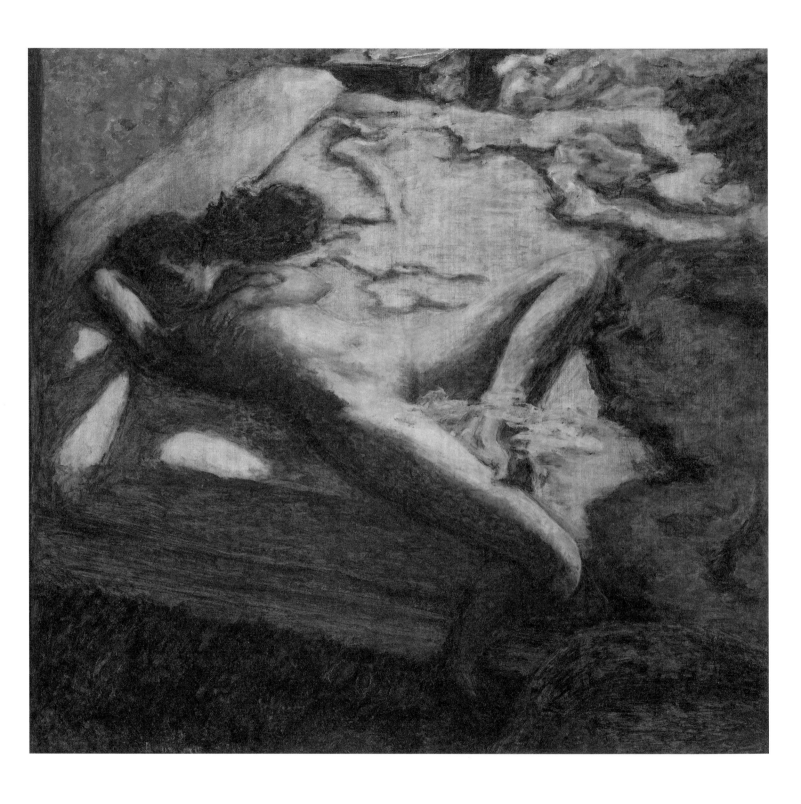

Cat. 106
Pierre Bonnard
*Femme assoupie
sur un lit,* 1899
Huile sur toile
Musée d'Orsay, Paris

Cat. 107
Edgar Degas
*Après le bain, femme nue
couchée,* 1885-1890
Pastel sur papier monté
sur carton par l'artiste
Collection David et Ezra Nahmad

Cat. 108
The Shoe with a Rose,
c. 1902-1904
Huile sur toile
Daxer et Marschall

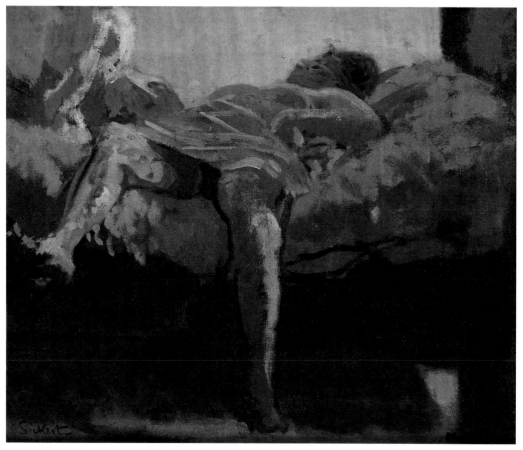

Cat. 109
The Little Bed, 1902
Crayon graphite et
pierre noire sur papier
Université de Reading
Art Collection

Cat. 110
Fille vénitienne
allongée, 1903-1904
Huile sur toile
Musée des Beaux-Arts,
Rouen

Cat. 111
Cocotte de Soho,
1905
Pastel sur carton
Collection particulière

Cat. 112
Nude Stretching:
La Coiffure, 1905-1906
Pastel sur papier
Collection particulière

Cat. 113
Le Lit de fer, 1905
Pastel sur papier chamois
Collection particulière

Cat. 114
Le Lit de cuivre, c. 1906
Huile sur toile
The Royal Albert Memorial
Museum & Art Gallery,
Exeter City Council

Page suivante (gauche)
Cat. 115
La Maigre Adeline,
1906
Huile sur toile
The Metropolitan Museum
of Art, New York

Page suivante (droite)
Cat. 116
Woman Washing her Hair,
1906
Huile sur toile
Tate, Londres

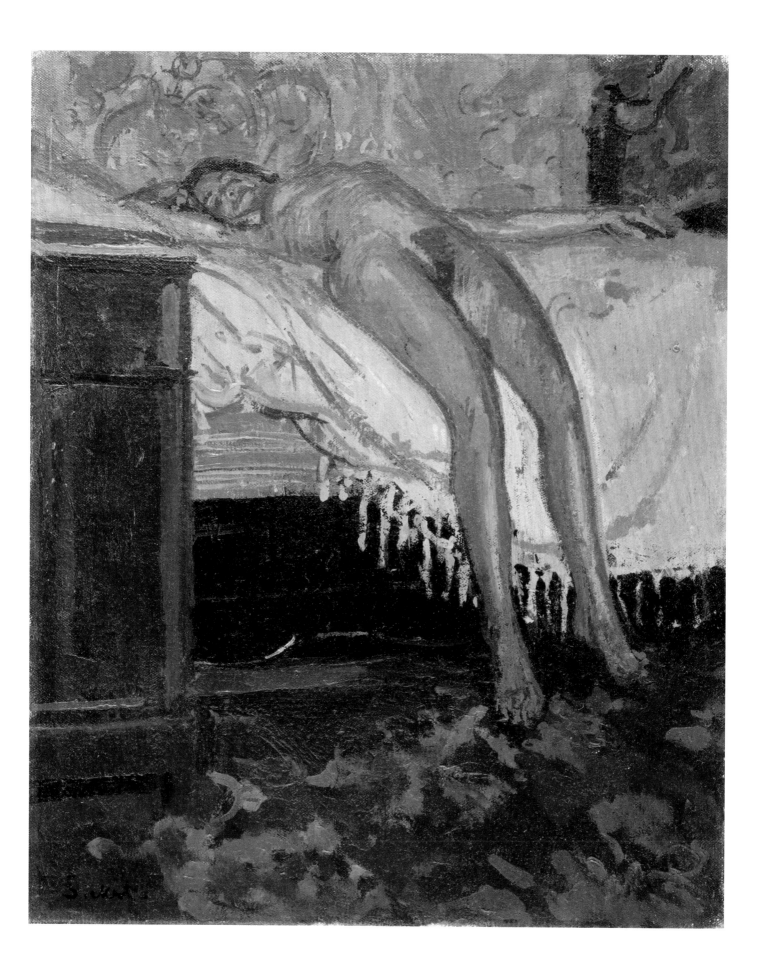

Cat. 117
Nuit d'été, c. 1906
Huile sur toile
Collection particulière

Cat. 118
The Iron Bedstead,
c. 1906
Huile sur toile
Collection particulière,
courtesy Hazlitt
Holland-Hibbert

Cat. 119
*Mornington Crescent
Nude,* c. 1907
Huile sur toile
The Syndics of the
Fitzwilliam Museum,
Université de Cambridge

Cat. 120
La Hollandaise, c. 1906
Huile sur toile
Tate, Londres

Cat. 121
*The Studio: The Painting
of a Nude,* c. 1906
Huile sur toile
Collection particulière
Courtesy Piano Nobile,
Londres

Cat. 122
Lucian Freud
Naked Portrait,
1972-1973
Huile sur toile
Tate, Londres

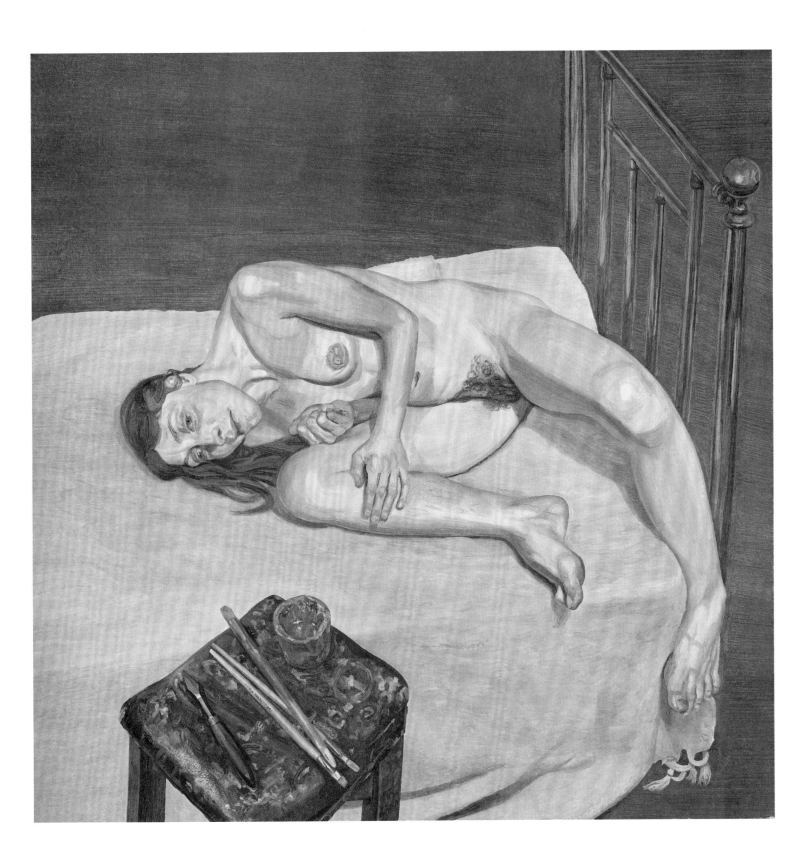

LES
CONVERSATION PIECES
MODERNES

WENDY BARON

LES *CONVERSATION PIECES* MODERNES

En décembre 1915, dans son compte rendu d'une exposition d'œuvres de Maurice Asselin[1], Walter Sickert déclare : « Une des choses pour lesquelles il me semble qu'on a le droit de parler de progrès est l'intensité de la vérité dramatique dans la *conversation piece* moderne ou la peinture de genre. » Les locutions *conversation piece* et « peinture de genre » ne sont pas interchangeables. La forme désignée par la première exige, comme on peut s'y attendre, plus d'une figure. La seconde s'applique à une œuvre avec un nombre indifférent de personnages, voire aucun. Cependant, l'une comme l'autre impliquent une certaine intimité, sans formalisme, et toutes deux évitent les conventions académiques et stylistiques de leur époque et de leur lieu. Elles ne font pas la morale. Elles tendent à figurer des sujets modestes, de la vie quotidienne.

Pour illustrer son propos, Sickert compare deux tableaux tout à fait incompatibles sur les plans du style, du contenu et de l'intention : un portrait de groupe du XVIIIe siècle peint par William Hogarth, représentant une famille de la haute société en compagnie de ses chiens, rassemblée dans un élégant salon[2], et une étude à figure unique de Maurice Asselin dans laquelle une petite fille se coupe les ongles « avec l'intensité et la concentration d'un singe[3] ». Les personnages guindés de Hogarth, réunis pour faire étalage de leur statut social et de leur richesse, posent avec la raideur d'une photographie de mariage du XIXe siècle. Près de cent quatre-vingts ans plus tard, la peinture de genre d'Asselin propose un aperçu fortuit d'un rituel de toilette privé. Le choix de Sickert est-il délibéré, paresseux, ou irréfléchi ? Le tableau de Hogarth est une *conversation piece* traditionnelle – au sens d'une œuvre souvent de petite dimension, rassemblant des personnages, familles ou groupes d'amis figurés de manière informelle, au sein d'intérieurs domestiques ou de paysages de jardins. Sickert aurait pu faire une comparaison plus objective, avec, par exemple, l'un de ces deux tableaux de groupes réunis dans un intérieur pour rendre hommage à Manet : *Un atelier aux Batignolles* de Henri Fantin-Latour (1870, musée d'Orsay, Paris) ou son homologue britannique et plus tardif par William Orpen, *Homage to Manet* (1909, Manchester Art Gallery), dans lequel apparaît Sickert. Ces tableaux proposent un récit véridique et relativement théâtral. Toutefois, Sickert n'a pas l'intention que son raisonnement soit analysé de trop près. Il souhaite exprimer son admiration pour le réalisme impérieux de la peinture d'Asselin, et profiter de l'occasion pour faire une remarque plus générale sur les compositions à figures modernes.

Pour Sickert et certains de ses contemporains français, le genre de sujets associé à l'expression « *conversation piece* moderne » puise son inspiration dans un énigmatique tableau à deux personnages de Degas, *Intérieur* (fig. 30). Peint vers 1869, il ne fut pas présenté au public avant 1905[4]. Degas le conservait dans son atelier où il n'était connu que de ses intimes parmi lesquels Sickert. Pendant plus d'un siècle, l'interprétation de ce tableau a préoccupé les historiens et les critiques d'art. L'apparente confrontation entre l'homme vêtu et la jeune femme partiellement dévêtue est à l'origine du sous-titre habituel du tableau, *Le Viol*. S'agit-il de l'illustration d'une sinistre scène dans un roman contemporain[5] ? D'un récit inventé par le peintre, ou (ce que Sickert affirmait tenir de Degas) d'une inoffensive scène de famille[6] ?

Résidant en France durant les premières années du XXe siècle, Sickert est parfaitement intégré au milieu artistique français. Ainsi connaît-il les monotypes des années 1870 de Degas figurant des scènes de bordel (fig. 31) et les tableaux de maisons closes de Toulouse-Lautrec des années 1890. Ses marchands Durand-Ruel et Bernheim-Jeune, parisiens, défendent également le travail de Pierre Bonnard et d'Édouard Vuillard. À partir de 1902, bien qu'installé à Dieppe, Sickert enseigne à Paris où il possède un atelier. Il atteint sa maturité en tant que peintre de groupes de figures, dans un milieu favorable aux nus sans fard de Bonnard – notamment son groupe ambigu de deux personnages, *L'Homme et la Femme* (fig. 32)[7]. Cet intérieur intime de chambre à coucher montre un homme nu (le peintre) et une femme nue (son modèle Marthe, qui deviendra son épouse) dans une scène familiale qui réussit à être à la fois troublante et dramatique. Bonnard obtient ce résultat par de multiples procédés picturaux, surtout par le contraste des zones claires et des zones sombres, ainsi que la perturbation délibérée de l'espace – en divisant la surface du tableau avec le rebord d'un paravent à trois pans et en peignant toute la scène comme reflétée dans un miroir. En dépit d'interprétations incompatibles selon lesquelles le tableau représenterait le couple avant ou après l'acte sexuel, le véritable objectif de Bonnard est, à l'évidence, de traduire les relations psychologiques et affectives entre les deux personnages.

Fig. 30
Edgar Degas, *Intérieur*,
1868-1869,
huile sur toile,
81,3 × 114,3 cm,
Philadelphia Museum
of Art

Fig. 31
Edgar Degas, *Repos
sur le lit,* 1878-1879,
monotype, 16,9 × 21,2 cm,
Musée national Picasso,
Paris

Sickert peint ses tout premiers intérieurs intimes, avec une ou deux figures féminines, lors de son séjour à Venise en 1903-1904, alors qu'il est déjà âgé de quarante-trois ans. La plupart de ses modèles sont des prostituées, ravies de gagner de l'argent en posant dans le confort relatif de l'atelier de Sickert situé 940 calle dei Frati. L'artiste écrit à son ami et mécène, le peintre Jacques-Émile Blanche[8], que sa journée de travail est un bonheur de 9 heures à 16 heures, ses jeunes modèles, détendues, lui racontant en riant des histoires grivoises tout en posant comme des anges. Un canapé ou un lit constitue désormais le décor de tableaux avec deux figures représentant, ensemble, ses modèles préférés, Carolina dell'Acqua et La Giuseppina. Au sein de ce groupe bien ciblé, Sickert jongle avec les relations précises qui s'établissent entre les personnages. Sur le canapé, les deux sont vêtues (cat. 71) ; sur le lit, l'une est allongée nue ou exposée, tandis que lui parle la figure assise, habillée (cat. 110). Nous imaginons qu'elles échangent des confidences, les yeux fixés l'une sur l'autre. Les titres ne dévoilent rien : *Conversation, Caquetoeres* (dialecte vénitien pour *chiacatores*, « pipelettes »).

Ayant prévenu Jacques-Émile Blanche de son nouveau sujet, Sickert présente une dizaine d'intérieurs vénitiens avec figures dans le cadre de son exposition chez Bernheim-Jeune, en juin 1904. Aucun ne peut être identifié à partir de son titre. Il serait passionnant de connaître le titre original du tableau désormais intitulé *The Shoe with a Rose* (cat. 108), le nu le plus romantique et immédiatement séduisant jamais peint par Sickert, qui date précisément de cette période. Se peut-il qu'il s'agisse de *Lassitude* figurant dans l'exposition de 1904 ? Jacques-Émile Blanche rédige la préface du catalogue dans lequel soixante-douze des quatre-vingt-seize tableaux exposés apparaissent comme des prêts provenant d'éminents collectionneurs français, dont trente-deux de Blanche lui-même, six d'André Gide[9] et dix d'Adolphe Tavernier[10] qui, deux ou trois ans plus tard, deviendra un découvreur de talents pour Bernheim-Jeune.

Tavernier exerce probablement une influence sur le choix des tableaux de Sickert présentés à l'occasion de son exposition suivante, chez Bernheim, en janvier 1907. Aucune des quatre-vingt-une huiles, aucun des quatre pastels ne

Fig. 32
Pierre Bonnard,
L'Homme et la Femme,
1900, huile sur toile,
115 × 72,3 cm,
Musée d'Orsay, Paris

Fig. 34
*The Poet and his Muse
(ou Collaboration),* 1907,
huile sur toile,
45,5 × 23 cm,
collection particulière

Fig. 33
*The Belgian Cocottes
(Jeanne et Hélène
Daurmont),* 1906,
huile sur toile,
51 × 41 cm, Portsmouth
City Museums

sont des prêts. À en juger par les titres, une douzaine d'œuvres environ représentent des paysages de Venise ou de Dieppe, et huit des music-halls. Les autres toiles sont toutes des compositions à figures : hormis quelques intérieurs vénitiens de 1903-1904, la plupart ont été peintes à Londres au cours des deux années précédentes, ou à Paris durant l'automne 1906.

De retour dans la capitale britannique en 1905, Sickert va mener durant une décennie, à travers son art, ses écrits et son enseignement, un combat acharné contre le puritanisme timoré de l'art britannique. Ses contemporains français traitent le nu sans recourir à quelque artifice mythologique, et estiment que la chambre à coucher ou la cuisine offrent, pour une composition à figures, un cadre tout aussi acceptable qu'un salon ou une salle de réception à la mode. Du côté britannique de la Manche, Sickert prône sans relâche l'adoption d'un point de vue tout aussi décontracté. Mais les intérieurs domestiques qu'il produit au cours des vingt années suivantes ne sont pas pour autant des imitations de prédécesseurs français. Ils forment un courant distinct et tout particulièrement britannique dans le vocabulaire de l'art européen du début du xxe siècle, englobant des sujets aussi divers que la vie d'une classe pauvre brutalisée avec *L'Affaire de Camden Town* (cat. 128) et la lassitude banale avec *Ennui* (cat. 133).

À Soho, Sickert repère de parfaits modèles, deux jeunes femmes qu'il entend s'enquérir, en français, auprès d'un policier qui ne les comprend pas d'un endroit où elles peuvent acheter du café[11]. Le peintre leur indique le chemin, avant de leur demander de poser pour lui dans son atelier de Fitzroy Street. Au cours de la semaine de Pâques de l'année 1906, les deux sœurs belges Jeanne et Hélène Daurmont lui servent ainsi de modèles pour six tableaux. *Jeanne. The Cigarette* (cat. 74) est présenté dans l'exposition de 1907, de même que deux toiles figurant Jeanne et Hélène ensemble. L'une d'elles, aujourd'hui connue comme *The Belgian Cocottes (Jeanne et Hélène Daurmont)* (fig. 33), est un cas d'école des titres imprévisibles utilisés par Sickert. Son premier titre, *The Map of London*[12], devait son origine à l'inscription figurant dans une esquisse à la plume et à l'encre du tableau[13], au-dessus de l'image encadrée derrière le personnage debout. Peut-être faisait-il astucieusement référence à la première rencontre entre Sickert et les sœurs perdues dans Soho. Les titres choisis par le peintre intègrent souvent un clin d'œil confidentiel qui, tout opaque qu'il soit, est rarement dénué de sens. Cependant, quand le tableau est présenté dans la grande exposition rétrospective de Sickert chez Agnews en 1933, il est rebaptisé *Rose and Marie*, un choix de noms aléatoire. Virginia Woolf lit le tableau comme un épisode de roman[14] :

« Assise sur la chaise, Marie sanglotait une pitoyable complainte de serments trahis et de cœurs brisés devant la femme au jupon cramoisi. "Ne sois pas stupide, ma chérie", dit Rose, debout devant elle, les mains sur les hanches […] dans l'intimité d'une femme du monde en déshabillé, expérimentée, avertie. Marie lève les yeux vers elle, toutes ses illusions révélées dans les larmes […] Elle reprend courage[15]. »

Parmi les tableaux avec figures exposés chez Bernheim en 1907, *The Poet and his Muse* (ou *Collaboration*) est l'une des trois œuvres sur ce thème dans lesquelles, pour la première fois, Sickert juxtapose une femme nue et un homme vêtu (fig. 34). Présentant ses personnages dans les rôles quasi mythologiques du poète et de sa muse, ou du peintre et de son modèle, Sickert tempère son radicalisme. Mais il sème le trouble dans la mise en scène en peignant ce qu'il voit comme un reflet, ou peut-être

Fig. 35
Stemmo Insieme, 1907-1908,
fusain et rehauts de blanc
sur papier, 24,1 × 36,8 cm,
collection particulière

même au deuxième degré, comme un reflet de reflet. L'usage d'images réfléchies le fascine depuis 1883, année de sa visite à l'atelier de Manet où il a vu *Un bar aux Folies-Bergère* (Courtauld Gallery, Londres). Par la suite, notamment dans ses sujets de music-hall, il a utilisé des images réfléchies par un miroir, à la fois pour défier les capacités d'analyse des regardeurs du tableau[16] et pour créer un agréable contrepoint de couleurs et de formes sur la surface de ses toiles[17]. À l'exception, peut-être, de *The Studio: The Painting of a Nude* (cat. 121), où le peintre est représenté par la puissante diagonale de son bras traversant le tableau, aucune de ces images d'un peintre et de son modèle ne fait clairement allusion à quelque narration. Ce sont des expériences picturales graduelles vers une désintégration de la forme. Leur incohérence anticipe, près de soixante-dix ans avant, les évolutions de la peinture britannique d'après-guerre.

Les ateliers de l'artiste, les ouvrages qu'il lit, les personnes qu'il rencontre, les potins, les dépêches de presse, tout peut devenir une source d'inspiration à l'origine d'une *conversation piece*. Le meurtre, en septembre 1907, d'Emily Dimmock, une prostituée, est ainsi le catalyseur de son imagination conduisant à l'élaboration de tableaux qui, depuis, ont façonné la perception de son œuvre. Le corps d'Emily Dimmock est découvert par Bertram Shaw, avec qui elle vivait, quand il entre dans leur logement de Camden

Town après son service de nuit dans un wagon-restaurant de la Midland Railway, société de chemin de fer où il travaille comme cuisinier sur la ligne Londres-Sheffield. Elle est allongée sur le lit, le visage tourné vers le bas, des bigoudis dans sa chevelure blonde, la gorge tranchée. Robert Wood, un dessinateur publicitaire accusé du meurtre et défendu par le brillant avocat Marshall Hall, sera acquitté une semaine avant Noël. Les preuves avancées contre lui étaient circonstancielles et contradictoires. Toutefois, les reportages détaillés que la presse consacre au procès dressent un portrait saisissant des bas-fonds de Camden Town. L'affaire n'a jamais été élucidée.

Il était fréquent que des prostituées posent pour des peintres durant la journée, aussi le meurtre d'Emily Dimmock perpétré dans le quartier de Sickert a-t-il pu avoir un puissant écho sur l'artiste, fasciné par les habitudes et les drames émaillant la vie quotidienne de ces femmes :

« Des vies extraordinaires. Des hommes qui vivent à leurs dépens les frappent de temps à autre avec des marteaux, saupoudrent des poisons sur leurs gâteaux, essaient de leur trancher la gorge, versent des drogues dans leur whisky, etc.[18] »

Au début de l'année 1908, mû par son sens aigu de l'actualité et de la publicité, Sickert s'approprie la locution « Camden Town Murder » [Meurtre de Camden Town] pour intituler ses diverses séries de peintures, dessins et gravures figurant, dans le cadre de sa chambre donnant sur la rue, au premier étage du 6 Mornington Crescent, une femme nue, un homme vêtu et un lit. Rex Nan Kivell, le directeur de la Redfern Gallery[19], m'a rapporté que, pour plus d'authenticité, Sickert avait fait poser Robert Wood pour les tableaux des « Murder »[20]. Les plus anciens de la série sont deux toiles énigmatiques, étroitement apparentées, qui furent présentées à Paris, au Salon d'automne de 1909, et sous le titre « Murder » lors de la première exposition du Camden Town Group en juin 1911. À l'instar de Bonnard, Sickert utilise la lumière pour accentuer l'aspect théâtral de la relation affective existant entre ses personnages, dénudant la femme et, éludant l'homme, le transformant en une sombre silhouette menaçante. Le titre incite le spectateur à interpréter ces œuvres comme des représentations d'une prostituée et son client,

Fig. 36
The Artist's Home in New Orleans, c. 1913-1914,
pierre noire, plume et encre,
rehauts de blanc sur papier,
38,7 × 32,4 cm,
collection particulière

Fig. 37
Interior with Figures,
c. 1913-1914,
plume et lavis d'encre
sur papier,
29,2 × 20,3 cm,
New Grafton Gallery, Londres

d'une victime et son meurtrier, entérinant l'idée que les tableaux de Sickert évoquent « la totale dépravation d'un style de vie particulièrement mal famé[21] ». À un moment donné, l'absence, dans les peintures, d'éléments illustrant les circonstances de la mort d'Emily Dimmock conduisit à leur attribuer des titres alternatifs : *What Shall We Do for the Rent?* et *Summer Afternoon.*

Si la scène même du meurtre est ignorée par Sickert, son habitude de s'immerger par l'imaginaire dans l'environnement mental et physique de la vie intime à Camden Town donne lieu à l'élaboration de récits plus subtils. En 1912, l'artiste fait valoir :

> « Tous les grands dessinateurs racontent une histoire. Quand les gens [...] critiquent l'anecdotique "tableau de l'année", nos commentaires portent pour l'essentiel sur la médiocrité de l'histoire, de la structure, du drame, de la psychologie... Un peintre pourrait raconter son histoire comme Balzac ou comme M. Hichens[22]. »

Dans le contexte des « Murder », la tragédie de Bertram Shaw est largement négligée par un public voyeur qui se focalise sur les aspects les plus atroces de l'histoire. L'un des tableaux de la série (cat. 123) porte un titre alternatif authentique, *What Shall We Do for the Rent?*, qui rend bien compte de l'intimité résignée qu'exprime le tableau à travers des personnages en proie à leurs pensées : l'homme, tête baissée et mains jointes en signe de désespoir, car il sait que ses revenus ne lui permettront pas de payer le loyer ; sa concubine faisant face au mur, car elle comprend que son corps à vendre est tout ce qu'ils possèdent. Elle rassure l'homme en lui effleurant le genou. Une étude de composition mise au carreau, annotée du titre « What Shall We Do for the Rent? », fut exposée en 1911 sous le titre « Consolation »[23], tandis qu'un dessin figurant deux personnages dans le même environnement, allongés côte à côte sur le lit étroit, le bras de l'homme doucement posé sur le corps de la femme, porte le titre *Stemmo Insieme*[24] (fig. 35).

Il serait cependant peu judicieux d'accorder trop d'importance au titre comme indication du récit narré par Sickert dans ses *conversation pieces. Summer in Naples* et *Dawn, Camden Town* sont ainsi deux titres alternatifs pour un unique tableau figurant une femme nue, bien en chair, et un ouvrier habillé, tous deux assis dos à dos sur un lit dans un grenier miteux (cat. 129)[25].

L'Affaire de Camden Town (cat. 128), le dernier tableau de la série des « Murder », est le seul qui ne possède aucun autre titre[26]. Sickert y abandonne la géométrie plane et parallèle des toiles précédentes au profit d'un espace étroit cadrant les éléments actifs avec un vigoureux raccourci. Cela lui permet de faire du sexe de la femme allongée sur le lit le point de convergence de la composition. Le tableau est l'aboutissement d'une série de dessins étroitement apparentée, dont le premier figure deux femmes conversant, l'une nue et allongée sur un lit, l'autre debout sur le côté, portant une chemise et un corset (cat. 125). Dans *L'Affaire de Camden Town*, Sickert transforme cette scène intime en une autre empreinte d'une brutalité imminente. La femme debout devient un homme en bras de chemise, les rapports détendus entre les deux personnages laissent place à une confrontation hostile, et la femme allongée sur le dos se tord dans une posture plus gauche, son bras prêt à se défendre contre une attaque. Le traitement de la peinture étaye les sous-entendus dramatiques de la narration : les tons assombris de la palette sont dominés par des gris-bleus profonds, tandis que dans de puissants contrastes d'ombre et de lumière, les ombres portées renforcent le sentiment de menace ; le modelé de la surface est agité, et la facture animée par des zones violemment hachurées, des touches brisées et rapides. Plutôt que de chercher à documenter factuellement le meurtre, Sickert a recours à son imagination pour évoquer une atmosphère où règnent la peur et la violence sexuelle, ainsi qu'à son talent de peintre pour la traduire.

Si le caractère réaliste et documentaire des peintures de Sickert semble sans précédent dans l'art britannique, l'expression « vérité dramatique » utilisée par leur auteur fait allusion à leur dépendance au lien privilégié qu'il a entretenu toute sa vie avec le théâtre. Sa prédilection pour la location simultanée de chambres meublées dans différentes pensions s'explique immédiatement si l'on admet que toutes ces pièces d'habitation, avec leur quota de lits de fer, tables de chevet, pots de chambre, cuvettes de toilette, commodes, miroirs de coiffeuse et pianos, sont autant de décors de théâtre. Les puissantes petites pièces qu'il réalise sont des fictions, produits d'une imagination subtile nourrie par sa passion durable pour la littérature britannique et européenne du XIXᵉ siècle.

Son atelier, exceptionnellement spacieux, situé à l'angle du 247 Hampstead Road et de Granby Street (que Sickert nomme la « Wellington House Academy »[27]) offre de multiples décors pour de multiples drames théâtraux, la plupart mettant en scène son homme à tout faire, « Hubby », et sa femme de ménage, Marie Hayes. *Ennui* (cat. 133), créé dans un angle de cet atelier meublé d'une table ronde et d'une commode, partage son cadre avec des dessins qui suggèrent des habitants aux aspirations sociales plus élevées. En remplaçant la commode par un sofa, en dévoilant toute la cheminée et son miroir, en plaçant, enfin, un buste sculpté sur le manteau de cheminée[28], Sickert transforme son intérieur en salon de réception (fig. 36). Une Marie de petite taille est allongée sur le canapé, tandis que Hubby se tient debout devant la cheminée, adoptant une attitude de propriétaire,

Fig. 38
The Tiff, c. 1912,
plume et encre sur papier,
28,5 × 22,9 cm,
collection particulière

les mains derrière le dos, commandant des boissons à un majordome noir en veste blanche, portant un plateau. Ce modèle noir contribue à l'évocation de la vie des gens fortunés dans le sud profond des États-Unis, inspirant la référence aux origines maternelles de Degas dans le titre : *The Artist's Home in New Orleans*[29]. Dans un dessin apparenté, la petite table ronde d'*Ennui*, sur laquelle sont posés une grande théière et quelques autres plats, occupe le centre du premier plan, Hubby se tenant juste derrière elle (fig. 37). Le sujet, cette fois, est le thé de cinq heures en Angleterre.

Une autre zone de l'atelier de Sickert, meublée d'un lit de fer et d'une coiffeuse, devant une fenêtre à carreaux aux rideaux diaphanes, constitue le décor d'une série de dessins apparentés, généralement exécutés à la plume et à l'encre, mettant en scène Hubby en manches de chemise et un modèle féminin – souvent Marie, mais pas toujours – à demi dévêtue. Les titres choisis par Sickert – *The Tiff* (fig. 38), *Home Truths*, *Curtain Lecture*, *The Argument* et *Amantium Irae*[30] – soulignent leur thématique commune, identifiée par Sickert comme « scènes de la vie intime »[31].

Dans la plupart des exemples, la suggestion de récits divers passe des dessins aux peintures et inversement, intégrant parfois en chemin des estampes. Une séquence caractéristique débute ainsi avec *Sunday Afternoon*, qui montre Hubby assis sur le rebord du lit, faisant face au regardeur, tandis que Marie, derrière lui, s'appuie au cadre du lit. Elle conserve cette pose dans *Granby Street* (cat. 134), mais Hubby s'est déplacé pour s'asseoir à l'arrière-plan, sur une chaise près de la fenêtre. Deux dessins et une gravure jouent en apportant de légères modifications à ce motif : *Vacerra*, la version gravée de l'un des dessins, est enrichie d'une épigramme calomnieuse du poète latin Martial ; dans *My Awful Dad*, Marie est remplacée par une jeune fille boudeuse aux cheveux tressés. Dans les deux cas, Sickert utilise son motif, en prenant un brusque recul, pour souligner le thème de l'aliénation. Les titres influencent le spectateur dans son interprétation de la relation qui unit les personnages : un petit délinquant et sa compagne, ou une adolescente et son père embarrassant.

Si les titres s'avèrent des repères utiles pour lire les *conversation pieces* de Sickert, ils sont rarement exclusifs. Une illustration

éloquente en est l'ajout par Sickert, trois ans après sa réalisation, d'un titre d'actualité à une prosaïque rencontre dans une chambre à coucher peinte vers 1912 dans la Wellington House Academy. Lorsqu'il expose le tableau en 1915 sous le titre *The Prussians in Belgium* (cat. 130), le *Daily Telegraph* mord à l'appât : « Avec son adresse habituelle, M. Walter Sickert présente dans un intérieur sordide une jeune fille aux yeux las assise à demi nue sur un lit, et avec elle un vieil Allemand chauve, plus ou moins de type bismarckien, assis à l'aise fumant une cigarette[32]. »

La malicieuse manie qu'a Sickert de changer les titres de ses peintures relève d'un objectif sérieux, à savoir démontrer que :

« Les tableaux, comme les rues et les personnes, doivent être nommés pour qu'on puisse les distinguer. Mais leurs noms ne sont pas des définitions, ni rien d'autre, au demeurant, que des sortes d'étiquettes très vagues qui nous permettent de les organiser, nous empêchent de les égarer ou de les envoyer à la mauvaise adresse... Le véritable sujet d'une peinture ou d'un dessin, ce sont les faits plastiques qu'il réussit à exprimer, et tout un monde de pathos, de poésie, de sentiment qu'il réussit à communiquer, qui est communiqué... par la suggestion des trois dimensions de l'espace, la suggestion du poids, le prélude ou la retenue du mouvement, la promesse du mouvement à venir, ou l'écho du mouvement passé. Si le sujet d'un tableau pouvait être exprimé en mots, il n'aurait pas été nécessaire de le peindre[33]. »

Cat. 123
The Camden Town Murder
ou *What Shall We Do for
the Rent?*, c. 1908
Huile sur toile
Yale Center for British Art,
Paul Mellon Fund

Cat. 124
*The Camden Town
Murder,* c. 1907-1908
Huile sur toile
Daniel Katz Family Trust

Cat. 126
A Consultation, 1907-1908
Pierre noire et craie blanche
sur papier vert
Lord and *Lady* Irvine of Lairg

Cat. 125
Conversation, 1909
Pierre noire, craie blanche,
plume et encre sur papier
chamois
Royal College of Art
Collection, Londres

Cat. 127
Persuasion. La Belle Gâtée,
c. 1908
Pierre noire et craie blanche
sur papier violet
Bristol Culture: Bristol
Museums & Art Gallery

Cat. 128
L'Affaire de Camden Town,
1909
Huile sur toile
Collection particulière

Cat. 131
*Woman Seated
at a Window*,
c. 1908-1909
Huile sur toile
Collection particulière

Cat. 132
Jack Ashore,
1912-1913
Huile sur toile
Pallant House Gallery,
Chichester

Cat. 133
Ennui, c. 1914
Huile sur toile
Tate, Londres

Cat. 134
Granby Street,
c. 1912-1913
Huile sur toile
Collection particulière

Cat. 135
*A Few Words: Off
to the Pub,* c. 1912
Huile sur toile
Collection Margo et
Nicholas Snowman

Cat. 136
Off to the Pub, 1911
Huile sur toile
Tate, Londres

Cat. 137
Two Coster Girls,
c. 1907-1908
Huile sur panneau
Government Art Collection

Cat. 138
Flower Girl, 1911
Huile sur toile
Collection particulière

Cat. 139
L'Américaine, 1908
Huile sur toile
Tate, Londres

Cat. 140
L'Armoire à glace, 1924
Huile sur toile
Tate, Londres

Cat. 141
Baccarat – the Fur Cape, 1920
Huile sur toile
Tate, Londres

Cat. 142
The System,
1924-1926
Huile sur toile
National Galleries of Scotland

Cat. 143
Baccarat, 1920
Huile sur toile
Collection particulière
c/o Grant Ford Limited

À

Mademoiselle Liwache

Souvenir de Walter et Christine Sickert – Envermeu – 1920 –

Cat. 144
*Soldiers of King Albert
the Ready,* 1914
Huile sur toile
Sheffield Museums Trust

Cat. 145
The Integrity of Belgium,
1914
Huile sur toile
Government Art Collection

TRANSPOSITION: LES DERNIÈRES ANNÉES

SAM ROSE

LES DERNIÈRES ANNÉES ET LES *ECHOES*

Aux yeux de nombre de ses admirateurs de la première heure, l'œuvre tardive de Sickert apparaît invraisemblablement étrange[1]. Pourquoi un artiste connu pour son observation minutieuse de scènes d'après nature choisit-il comme matériau source des photographies de presse et des gravures victoriennes ? Pourquoi des harmonies soigneusement composées rappelant Whistler, son maître d'autrefois, sont-elles remplacées par des couleurs délavées ou une palette de tons acides et discordants ? Pourquoi, en somme, un artiste renommé et respecté, même s'il est un brin démodé, change-t-il aussi radicalement de style et de sujet ?

Prenant la défense du premier Sickert, Clive Bell et Roger Fry, critiques membres du Bloomsbury Group, considéreront longtemps que son personnage public et ses déclarations sur son propre travail n'étaient guère plus que la façade avant-gardiste attendue d'un artiste de sa génération (fig. 40). Il est vrai que le peintre peut alors faire scandale dans un restaurant chic en entonnant des chansons paillardes de music-hall, hurler « Nom de Dieu ! J'em... le christianisme ! » en croisant dans la rue un groupe de salutistes jouant du cornet à piston, faire installer des toilettes à la française dans sa maison pour déconcerter ses invités, ou accrocher une gravure reproduisant *The Monarch of the Glen* (1851) de Sir Edwin Landseer dans son atelier « pour *emmerder* Roger Fry[2] ». Mais pour ces critiques, « l'infaillible instinct de peintre » de Sickert signifie que, même en affirmant aimer les illustrations victoriennes et les œuvres anecdotiques, il ne peut s'empêcher « avec une fatalité presque touchante de faire ce qu'il convient de faire », à savoir, produire des peintures qui transforment ses sujets en compositions purement esthétiques de tons et de couleurs[3]. Toutefois, s'agissant de son œuvre tardive, il est plus difficile de nier ses objectifs plus larges, car il entreprend d'inscrire à la surface même de ses tableaux les titres et les références de ses sources provenant de photographies de presse et de gravures victoriennes. Roger Fry et Clive Bell ont le sentiment que l'excentricité, voire la sénilité, ont finalement eu raison de l'artiste. D'autres partisans de la première œuvre de Sickert expriment plus directement encore leur inquiétude quant à l'état mental de l'artiste, laissant entendre qu'il ne s'est jamais vraiment remis d'une dépression mentale et émotionnelle survenue dans les années 1920, à la suite du décès de sa seconde épouse Christine Angus au début de cette même décennie.

Assez curieusement, c'est précisément à cette époque, également, que Sickert accède réellement à une large notoriété et que son œuvre est plébiscitée. Dans les années 1920, il emboîte le pas à ses anciens collègues du New English Art Club en se faisant élire membre associé, puis membre à part entière de la Royal Academy, un événement qu'un journal qualifie de surprise qui « n'aurait pu être plus grande si Trotski avait été accueilli au Carlton Club », un club privé fréquenté par le parti conservateur[4]. Les envois de Sickert à la Royal Academy défient fréquemment les normes de cette institution (y compris des portraits comme celui de Walter Lumsden, cat. 148) ; si certains tableaux sont parfois refusés, ils sont aussi régulièrement les plus commentés et admirés de ces expositions. Associée à de telles provocations, la nouvelle situation de Sickert lui assure dans la presse un niveau de publicité qui, selon des historiens récents, « pour le croire, doit être retracé dans les colonnes des journaux de l'époque » et qui « étonnerait le public d'aujourd'hui[5] ». En 1930, selon le *Daily Mail*, Sickert est « notre plus grand artiste vivant[6] ». Et alors même que les critiques du Bloomsbury Group lui retirent leur soutien, Virginia Woolf, dans un essai sur l'art publié en 1934, aussi brillant en soi que par son originalité, *Walter Sickert. A Conversation*, se moque de ces mêmes critiques vivant enfermés dans un

carreau d'un dessin ou d'une gravure, il transfère la composition, construit à grands traits une sous-couche de couleur dont il attend le séchage, puis applique ses couleurs par touches finales de la manière la plus vive et la plus libre possible. Avec humour, Sickert résume ainsi sa méthode lorsqu'il cherche à rallier à sa cause Quentin, le fils de Clive Bell :

« Mon petit, c'est très facile, ce n'est rien. Vous regardez des vieux numéros de *l'Illustrated London News*, de *Punch*, ou mieux d'une revue comme *Judy*, quelque chose dont aucun de ces damnés critiques n'a entendu parler, et trouvez une gravure que vous aimez, vous la quadrillez, la peignez de façon monochrome en utilisant du blanc et de l'outremer et vous la laissez sécher pendant deux ou trois semaines. Quand elle a bien durci, vous prenez un vieux mouchoir en soie [...] puis avec un peu d'huile de lin, vous frottez le tableau jusqu'à ce que la surface soit bien lisse. Ensuite, en utilisant une palette très restreinte, vous la peignez, mais rapidement avec des touches rares et discrètes, comme une fille qui se mettrait du rouge à lèvres[7]. »

Au lieu d'une reproduction rigoureuse, chaque étape de cette méthode offre une nouvelle occasion d'intervention et de transformation de la source. En travaillant sur une armature mise au carreau qui libère celui qui peint d'après nature du besoin de se confronter à son sujet ou de travailler avec lui, Sickert peut, couche après couche, parvenir à d'extraordinaires abstractions et écarts par rapport à son propre sujet. Dans des œuvres comme *Sir Hugh Walpole* (cat. 147) ou *The Front at Hove (Turpe Senex Miles Turpe Senilis Amor)* (cat. 11 et fig. 39) par exemple, une importante zone de la sous-couche peinte, à peine modulée, peut être laissée telle quelle pour représenter une grande partie d'un visage ou d'un corps auquel la zone même ne ressemble guère. Ce procédé permet également aux dernières couches de peinture de « flotter » de manière presque indépendante au-dessus des précédentes, en audacieuses touches de couleurs souvent non naturalistes, avec une double fonction manifeste d'éléments de la scène et de motifs abstraits appliqués à la surface du tableau (comme la lumière jaune sur le revers de veston et l'épaule de Walpole, ou le bleu vif qui s'écoule du coin supérieur droit dans *The Front at Hove* et, ce faisant, dessine des détails de l'architecture et des personnages).

monde de pures sensations esthétiques qui les aveugle sur le riche éventail de vues offert par l'œuvre de Sickert.

Si les « dernières années » du peintre commencent, pour certains observateurs, à la période à Dieppe et Londres qui a suivi la mort de Christine Angus, elles sont plus souvent associées à son retour à Londres, au printemps 1927, après un séjour à Brighton. Sur le plan professionnel, Sickert vient de se métamorphoser, passant de « Walter Sickert » à « Richard Sickert », et semble nous signaler un nouveau départ avec une série d'autoportraits partiels dans lesquels il se représente en Lazare. À partir de ce moment, il abandonne largement les sujets caractéristiques inspirés de la vie urbaine pour se tourner vers des photographies de presse lui permettant de dialoguer avec des événements contemporains, et vers des gravures victoriennes pour sa série « Echoes ».

Bien que certains critiques voient une évolution radicale dans l'aspect des œuvres produites à cette époque, Sickert n'en continue pas moins d'appliquer des méthodes selon un processus créatif qu'il a perfectionné au milieu des années 1910. Travaillant à partir de la mise au

Favoriser la liberté de son œuvre tardive est un autre élément du procédé que Sickert élabore dans les années 1910, cet observateur renommé de la vie moderne rejetant désormais définitivement ce qu'il appelle « la théorie inepte de la peinture d'après nature[8] ». Ayant envisagé, dès les années 1890 au moins, d'utiliser la photographie comme complément aux dessins, Sickert l'adopte sans réserve dans les années 1920, déclarant à Cicely Hey en 1924 que « les peintres doivent utiliser la photographie[9] ». Parfois, il fait réaliser lui-même des photographies, comme celle de « *The Raising of Lazarus* » mise en scène dans son atelier, où il pose en haut d'une échelle, dans le rôle du Christ dominant, un mannequin grandeur nature qu'il a fait envelopper d'un linceul par un entrepreneur de pompes funèbres du quartier. Plus souvent, et d'une manière bien plus discutable pour certains, l'image source existe déjà, sous la forme d'une photographie ou d'une gravure trouvée dans la presse quotidienne ou les magazines. Wendy Baron fait remarquer que la méthode utilisée par Sickert après 1913, paradoxalement, lui permet d'atteindre de nouveaux sommets de liberté picturale et d'abstraction, au moyen d'une technique si systématisée « qu'elle rend presque machinale l'exécution d'un tableau[10] ». En utilisant des photographies et des gravures, Sickert introduit aussi littéralement le mécanique dans le procédé, bafouant les conventions de la paternité artistique auxquelles il portera davantage atteinte encore dans les années 1930, quand son épouse Thérèse Lessore prendra part non seulement à la mise au carreau préparatoire et à la peinture de la sous-couche, mais également aux étapes ultérieures de la réalisation de ses œuvres.

Les peintures de photographies de presse et les « Echoes » comptent parmi les œuvres d'art les plus singulières et passionnantes créées en Grande-Bretagne durant l'entre-deux-guerres. Aux yeux des auteurs qui se sont penchés, plus tard, sur le pop art, elles témoignent d'une compréhension prémonitoire du rôle que jouerait l'art dans la prise en compte de la culture de masse contemporaine, en superposant et en multipliant la reproduction et la paternité de l'œuvre d'une manière généralement considérée comme un anathème pour la peinture de chevalet. Sickert admet incontestablement les jeux de réemploi et de paternité, tantôt suggérant que ses œuvres sont

destinées à traduire ses sources avec créativité, tantôt déclarant avec humour que « c'est un si bon arrangement ; Cruikshank et Gilbert font tout le boulot, et je récolte tout l'argent[11] ! » Cependant, bien que l'on ait ultérieurement salué en lui un proto-pop-artiste, la grande différence avec les artistes des années 1960 s'affirme dans le fait que, là où Roy Lichtenstein se tourne vers un dessin animé de Donald Duck, Sickert, né en 1860, choisit tout aussi naturellement des gravures sur bois de et d'après John Gilbert et Adelaide Claxton.

Si la nostalgie d'un passé lointain a indiscutablement joué un rôle dans la genèse de ces peintures, ces œuvres semblent tout autant avoir été motivées par une fascination pour les possibilités qu'offre le déracinement de scènes anachroniquement transplantées au XXe siècle. Est-il possible de moderniser ces images du XIXe siècle, de ne pas simplement les rétablir dans un geste de retour vers le passé, mais de leur donner une forme contemporaine qui leur confère une force et une pertinence appropriées à la période de l'entre-deux-guerres ? L'exploitation de la capacité de l'art à exister à travers les époques et à les transcender devient plus saisissante encore à mesure que ces tableaux vieillissent, les œuvres de Sickert faisant entrer l'ère victorienne dans la modernité, la modernité dans l'ère victorienne, et les deux, ensemble dans notre présent actuel.

Rétrospectivement, il n'y a rien d'étonnant à ce que les admirateurs du premier Sickert, si attachés à quelques idéaux artistiques, aient jugé ses dernières œuvres non seulement profondément étranges mais aussi très troublantes. Elles étaient et demeurent incontestablement modernes et expérimentales, mais d'une manière qui ne s'inscrivait pas dans les discours bien ordonnés de la critique à propos de la nature du travail de Sickert, voire de l'orientation et de la nature de l'art moderne dans son ensemble. En ce sens, leur étrangeté demeure précieuse. Si l'on reconsidère la carrière de Sickert dans son ensemble à la lumière de ces derniers tableaux, il apparaît très clairement, comme Virginia Woolf l'a reconnu en son temps, que le peintre s'est toujours efforcé de produire des œuvres échappant avec espièglerie aux limites d'une seule tradition artistique, d'un seul programme critique ou d'une seule façon de voir.

Fig. 40
Photographie de Walter Sickert dans son atelier d'Islington, 1930

Cat. 146
Portrait of Degas in 1885,
c. 1928
Huile sur toile
Ministère de l'Europe et
des Affaires étrangères

Cat. 147
Sir Hugh Walpole, 1929
Huile sur toile
Glasgow Life (Glasgow
Museums) pour le
Glasgow City Council

Cat. 148
Rear Admiral Lumsden
C.I.E., C.V.O., 1927-1928
Huile sur toile
Collection particulière,
Devon

Cat. 149
*King George V and
his Racing Manager:
A Conversation piece
at Aintree,* c. 1929-1930
Huile sur toile
The Royal Collection/HM
Queen Elizabeth II

Cat. 150
*King George V and
Queen Mary,* 1935
Huile sur toile
Collection particulière

Cat. 151
« These Names Make
News, Snapper Snarls »,
Daily Express, 24 juillet
1936

Cat. 152
HM King Edward VIII,
1936
Huile sur toile
Collection particulière

Cat. 153
Alexander Gavin Henderson, 2nd Lord Faringdon, c. 1935
Huile sur toile
Faringdon Collection Trust

Cat. 154
Pimlico, c. 1937
Huile sur toile
Aberdeen City Council
(Art Gallery & Museums
Collections)

Cat. 155
Miss Earhart's Arrival, 1932
Huile sur toile
Tate, Londres

Cat. 156
« Welcome "*Lady* Lindy"! »,
Daily Sketch, 23 mai 1932

Cat. 157
The Miner, c. 1935-1936
Huile sur toile
Birmingham Museums
Trust pour le Birmingham
City Council

Cat. 158
« Scenes at the
Mine-Strike "Front" »,
Daily Express,
18 octobre 1935

Cat. 159
« The Unexpected Return
of Rigdon Few », *The
London Journal*,
14 juin 1856

Cat. 160
The Seducer,
c. 1929-1930
Huile sur toile
Tate, Londres

LA LOUVE

Cat. 161
Miss Gwen Ffrangcon-Davies as Isabella of France, 1932
Huile sur toile
Tate, Londres

Cat. 162
Gwen Ffrangcon-Davies en Queen Isabella, dans *Edward II* par The Phoenix Society, Regent Theatre, Londres, 1923

Cat. 163
Gwen Again, 1935-1936
Huile sur toile
Collection particulière

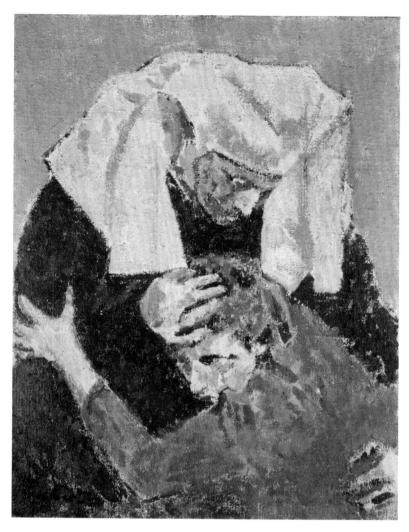

Cat. 164
Variation on 'Othello',
c. 1933-1934
Huile sur toile
Bristol Culture: Bristol
Museums & Art Gallery

Cat. 165
Juliet and her Nurse,
c. 1935-1936
Huile sur toile
Leeds Art Fund

Cat. 166
« *The Taming of the Shrew* », c. 1937
Huile sur toile
Courtesy Bradford
Museums and Galleries

Cat. 167
« An Art English Girls
Know Best », *Evening
News*, 5 novembre 1927,
image tirée du film
A Little Bit of Fluff, British
International Pictures,
1928

Cat. 168
High-Steppers,
c. 1938-1939
Huile sur toile
National Galleries
of Scotland

An Art English Girls Know Best.
Tiller Girls have made English team dancing famous throughout the world ;
here is a jolly troupe from " Up With the Lark," at the Adelphi, as they
appear in a British film of the stage farce " A Little Bit of Fluff."

Cat. 169
*Sir Thomas Beecham
Conducting,* 1938
Huile sur toile de jute
The Museum of Modern
Art, New York

Cat. 170
Jack and Jill,
c. 1937-1938
Huile sur toile
Famille Oskowitz

Cat. 171
Bullets or Ballots, 1936
Prospectus

MARTIN HAMMER

À L'IMITATION DE SICKERT : AUERBACH, BACON, FREUD

Walter Sickert a été un « influenceur » majeur – pour utiliser un vocabulaire contemporain. Continuellement et de bien des manières, depuis le début du XXe siècle et encore de nos jours, son art a marqué des générations d'artistes britanniques. Le présent essai s'intéresse aux peintres apparus sur la scène artistique dans une période s'étendant de la mort de Sickert, en 1942, aux commémorations du centenaire de sa naissance, en 1960[1]. Sickert, à l'époque, a déjà été élevé au rang de trésor national, et son œuvre est largement accessible à travers des expositions et des livres d'art, ainsi que par le truchement de ses articles stimulants, publiés dans la presse artistique et rassemblés, en 1947, en un volume intitulé *A Free House!*[2]. Sa position peut sembler étouffante. Au Royal College of Art, selon les dires de son ancien élève David Hockney : « Sickert était le grand dieu, et l'intégralité du style de peinture prôné dans cette école d'art, ainsi que dans toutes les autres écoles d'art d'Angleterre, était un croisement entre Sickert et la Euston Road School[3]. » Il s'ensuit une abondante production de peinture « sous-sickertienne », aussi ennuyeuse que dépourvue d'originalité, encore en cours aujourd'hui. Dans le même temps, Sickert apparaît comme un talisman aux yeux de quelques-uns des peintres britanniques les plus inventifs de l'après-guerre, qui aspirent à forger un réalisme nouveau et viscéral, une

alternative aux approches plus en vogue de l'abstraction et de l'appropriation de la culture populaire.

Mais comment cerner la question complexe et délicate de l'émulation créative ? Supposons que la distinction et l'originalité artistiques n'impliquent pas tant l'absence d'imitation qu'une compétition fertile, visant à absorber et fusionner les leçons d'autrui dans l'élaboration de son propre travail. Cette forme d'assimilation étant moins évidente qu'une autre plus passive, mes observations impliquent certaines spéculations. Avançons ici un autre postulat selon lequel des artistes, s'ils peuvent travailler sous l'influence générale des préoccupations d'un contemporain ou d'un prédécesseur admiré, s'inspirent souvent d'œuvres spécifiques qu'ils ont rencontrées et qui, d'une manière ou d'une autre, répondent à leurs propres besoins créatifs du moment.

La Beaux Arts Gallery de Londres, dirigée, à partir de 1951, par Helen Lessore, belle-sœur de Thérèse qui a été l'épouse de Sickert, va asseoir la réputation de peintre avant-gardiste de ce dernier. En 1953, la galerie consacre une exposition monographique à l'artiste dont l'autoportrait *The Servant of Abraham* (1929, cat. 8) est présenté en permanence et constitue, pour Lessore, une pierre de touche (« figurative, picturale, le contraire de

policée ») à laquelle peuvent être mesurés les jeunes exposants potentiels[4]. Parmi ses protégés figurent les peintres de la « Kitchen Sink School », dont John Bratby et Jack Smith, tenants d'un réalisme social agressif qui aura un temps un grand retentissement, ainsi que les artistes regroupés plus tard sous l'appellation « école de Londres », comme Francis Bacon, Lucian Freud et Frank Auerbach, dont le succès critique et commercial sera renforcé par Lessore et son ouvrage enthousiaste, *A Partial Testament* (1986)[5].

En janvier 1956, la Beaux Arts Gallery organise la première d'une série d'expositions personnelles d'Auerbach. Son œuvre reste depuis cette époque profondément ancrée dans la peinture de Sickert, des racines entremêlées aux influences de son professeur d'autrefois David Bomberg, de Chaïm Soutine et de maîtres anciens comme Rembrandt, qu'il étudie obsessionnellement à la National Gallery de Londres avec son ami Leon Kossoff. Dans la monographie qu'il lui a consacrée, Robert Hughes rapporte les souvenirs d'Auerbach d'avoir apprécié, étudiant et même plus tard, la lecture de *A Free House!*, et sa conviction que Sickert était « le seul peintre avec une véritable stature internationale ayant travaillé en Angleterre dans la première partie du XXe siècle[6] ». Cette admiration transparaît dans les œuvres qu'Auerbach produit alors qu'il est étudiant au Royal College, comme le très travaillé *E. O. W. Nude* (1953-1954, fig. 41). Il est probable que la texture visqueuse et ridée de la peinture traduise sa réaction au *Paysage à Céret* de Soutine (Tate), présenté à la Redfern Gallery de décembre 1953 à janvier 1954[7]. Mais la technique audacieuse de Soutine semble avoir fusionné, dans l'esprit d'Auerbach, avec des impressions nées des nus audacieux de Sickert qui ont été exposés peu de temps avant à la Beaux Arts Gallery. La façon dont les nus couchés du jeune artiste émergent de leur environnement sombre et boueux rappelle des Sickert comparables, qu'il définit par une remarque de leur auteur : « Peut-être la principale source du plaisir dans l'aspect d'un nu est la nature d'une lueur, une lueur de lumière, de chaleur et de vie[8] ». De même, *The Servant of Abraham* lui a servi de modèle pour ses représentations de têtes, comme le portrait en gros plan de Leon Kossoff qu'il peint en 1954 (collection privée). Pour sa part, Kossoff se souvient avoir été « assommé » lorsqu'il a découvert cette toile de Sickert ainsi que *The Raising of Lazarus* (1929-1930) à la Beaux Arts Gallery, « deux des plus beaux tableaux de notre époque[9] ».

Manifestement, Auerbach n'a cessé de mesurer son art à l'aune de celui de Sickert. La palette d'ocres, de rouges et de bruns assourdis dans ses figurations de l'atelier ou de chantiers de construction du début des années 1960 est préfigurée par les Sickert de la période du Camden Town Group. De même, à partir de la fin des années 1960, lorsqu'il peint ses paysages urbains de Mornington Crescent (fig. 42), il semble avoir à l'esprit les vues de Dieppe et de Londres réalisées par le maître. Le fait même qu'il utilise depuis toujours un atelier dans un quartier miteux de

Fig. 41
Frank Auerbach, *E.O.W. Nude,* 1953-1954, huile sur toile, 51 × 77 cm, Tate, Londres

Fig. 42
Frank Auerbach, *Mornington Crescent,* 1967, huile sur panneau, 121,9 × 147,3 cm, The Metropolitan Museum of Art, New York

Camden Town, à proximité de l'un des ateliers de Sickert, suggère une puissante affinité. Enfin, les titres de certaines de ses vues soulignent la présence d'une statue du beau-père de Sickert, Richard Cobden, installée à un carrefour très fréquenté de ce quartier. En somme, Sickert a été une référence cruciale dans l'ambition persistante d'Auerbach de fusionner une surface picturale viscérale, évoquant la substance massive de la réalité, avec une architecture picturale rigoureuse, souvent géométrique, et l'évocation des sensations subtiles et immatérielles de la lumière.

Sickert a également été un catalyseur important, mais peut-être moins évident, du travail de Francis Bacon et de celui de Lucian Freud. L'acquisition par Bacon de *Granby Street* (vers 1912-1913, cat. 134), une toile de Sickert qu'il a ensuite offerte à Freud, manifeste leur lien avec leur prédécesseur[10]. De même que pour Auerbach, le début des années 1950 est, pour Bacon, une période clé d'assimilation de Sickert. Rebecca Daniels note que la figure et l'ombre menaçante associées dans son tableau *Painting* 1950, fig. 43) reposent sur un dessin de Sickert, *Conversation* (1909, cat. 125) ; cette œuvre liée à la série du meurtre de Camden Town a été acquise par le Royal College of Art sur les conseils d'un ami de Bacon, Rodrigo Moynihan, au début de l'année 1950, juste avant que Bacon ne reprenne, pendant quelque temps, l'un des ateliers[11]. Rebecca Daniels souligne en outre le retentissement créé par la présentation des premiers Sickert à la Beaux Arts Gallery, juste avant l'exposition de Bacon dans cette même galerie, à la fin de l'année 1953[12]. La palette assourdie de Sickert, de même que son fréquent recours aux volets verticaux et au lit comme encadrement pictural de figures solitaires semblent mener aux toiles de Bacon comme *Study for a Portrait* (1953).

Cette même année voit la création du célèbre *Two Figures* de Bacon, tableau jugé trop controversé pour être exposé simplement, compte tenu du rapport amoureux homosexuel qui en constitue le sujet (fig. 44). L'une des sources évidentes de cette toile est la photographie par Eadweard Muybridge de lutteurs entrelacés, renforcée par la vogue de ce type d'images dans les magazines de

musculation, qui font l'objet d'un véritable culte dans les milieux homosexuels. Pourtant, un certain tableau de Sickert pourrait avoir servi de référence complémentaire. Bacon a sans doute vu *La Hollandaise* (cat. 120) lorsqu'elle a été présentée par la Redfern Gallery, durant l'été 1953, à l'occasion de l'exposition « Coronation » qui montrait également l'une des Têtes de la série peinte par Bacon, les deux œuvres étant listées l'une à la suite de l'autre dans le catalogue[13]. Auparavant, ce Sickert désormais bien connu était relégué dans l'ombre. L'idée selon laquelle la contemplation de *La Hollandaise* a joué un rôle important dans la création de *Two Figures* se fonde sur les similitudes de facture, notamment la façon dont les marques animées du premier plan « flottent » sur un fond tonal sombre, et les larges touches de peinture claire brossées sur la texture de la toile pour esquisser un drap et des oreillers. On notera également le traitement radicalement flou des traits du visage dans les deux œuvres, de même que les rehauts disproportionnés et apparemment aléatoires dans le modelé des corps. Bacon a été manifestement attentif à l'audace absolue et aux expérimentations dont Sickert était capable, percevant dans *La Hollandaise* une sensualité brute projetée non seulement par la figure représentée, mais aussi par la texture et le traitement de la peinture, un effet qu'il a ensuite entrepris de travailler dans son propre tableau, greffant des idées stylistiques empruntées à Sickert sur l'image de lutte photographiée par Muybridge.

Leur franchise sexuelle dans le traitement des nus constitue le rapprochement le plus évident entre Francis Bacon et Lucian Freud. À leurs yeux, Sickert a apporté la provocation artistique. Par exemple, son *Nude Lying Backwards on Bed* (vers 1904) a pu servir de modèle à la série de femmes allongées les jambes en l'air, peinte par Bacon à partir de 1960 environ, dont fait partie la toile de la Tate *Reclining Woman* (1961)[14]. La présence de tels tableaux dans les diverses expositions du centenaire témoigne, dans un climat de permissivité croissante, d'un regain d'intérêt pour les nus de Sickert d'avant la Première Guerre mondiale[15]. Ces derniers ont certainement été également un catalyseur important du cycle de « portraits dénudés » (« Naked Portraits ») que Freud a peint à partir

Fig. 43
Francis Bacon, *Painting,*
1950, huile sur toile,
198,1 × 132,1 cm,
Leeds City Gallery

Fig. 44
Francis Bacon,
Two Figures, 1953,
huile sur toile,
152,5 × 116,5 cm,
collection particulière

de la fin des années 1960. La terminologie même pourrait faire consciemment écho à l'essai de Sickert intitulé « The naked and the Nude » (1910), dans lequel il rappelait son aversion pour l'idéalisation stéréotypée implicite dans le concept de « nu ». Comme modèle d'une approche plus authentique et inventive, Sickert citait l'exemple de Degas qui « choisissait sans relâche de dessiner des figures selon des points de vue inhabituels[16] ». Avec son *Naked Girl* de 1966, Freud a probablement à l'esprit, dans une certaine mesure, la pose et la sensation d'un corps s'enfonçant dans le matelas, trouvées dans des œuvres de Sickert comme *The Iron Bedstead* (vers 1906, cat. 118) ou *Mornington Crescent Nude* (vers 1907, cat. 119). De même, les corps en torsion, en raccourci et clairement non idéalisés, par exemple dans les deux versions de *Naked Girl Asleep* (1967 et 1968), le *Portrait of Rose* (1978-1979) et des œuvres ultérieures comme *Night Portrait* (1985-1986, fig. 45) rappellent le traitement par Sickert, explicite mais plus pictural, de la figure féminine avachie sur des draps blancs, dans plusieurs œuvres datant de 1906 environ.

Le corps féminin raccourci et en torsion de *L'Affaire de Camden Town* (cat. 128) a également pu servir de modèle aux portraits nus d'Henrietta Moraes peints par Bacon au milieu des années 1960, ainsi qu'à des morceaux de ses triptyques intitulés Crucifixion de 1962 et 1965, où l'atmosphère de violence latente propre à Sickert devient un dramatique « lit du crime » (pour citer l'expression favorite de Bacon[17]). *L'Affaire de Camden Town* est désormais l'une des plus célèbres toiles de Sickert, mais il convient de noter qu'elle est restée en France pendant plusieurs décennies, et n'a été exposée et reproduite pour la première fois qu'en 1960[18]. Depuis 1973, le tableau est la propriété d'un collectionneur privé qui possède également plusieurs œuvres majeures de Bacon et de Freud. Le collectionneur et les peintres étaient amis, et l'acquisition de *L'Affaire de Camden Town* fut de toute évidence encouragée par Freud[19]. Dans cette toile de Sickert en particulier, le nu allongé est bien sûr audacieusement juxtaposé à une figure masculine debout, un concept pictural qui sous-tend *Painter and Model* de Freud (1986-1987, fig. 46). Mais dans le tableau

de Freud, les rôles sont inversés : une femme peintre, vêtue, domine un homme nu, vulnérable, allongé sur le cuir élimé d'un canapé Chesterfield qui, depuis la fin des années 1970, remplace souvent le lit dans les exercices d'observation des corps menés par l'artiste.

La dépendance de Lucian Freud à l'égard de l'observation directe du modèle l'a conduit à remarquer que sa « méthode était si laborieuse qu'il n'y avait pas de place pour une influence », faisant ainsi comme si son compatriote émigré Ernst Gombrich n'avait pas démontré que l'observation et la représentation passent toujours par le prisme des conventions et des préoccupations artistiques qui façonnent inévitablement les décisions concernant le sujet et son traitement dans l'œuvre[20]. Un bon exemple en est, selon moi, la subtile inspiration sickertienne perceptible dans *Large Interior, London W.9* (1973, fig. 47), où le peintre a placé une femme âgée, assise dans un fauteuil plutôt usé, austèrement vêtue et perdue dans ses pensées, devant une femme nue allongée sur le dos, la moitié inférieure de son corps dissimulée, par bienséance, sous une couverture brune, son visage encadré par ses bras, contemplant le plafond. Ce dispositif rappelle les compositions de la série « Camden Town » d'avant-guerre, dans lesquelles Sickert figure des hommes assis et des femmes allongées nues. On trouvera notamment une analogie avec la version de *What Shall We Do for the Rent?* (vers 1908) conservée au Kirkcaldy Museum and Art Gallery, qui, curieusement, fut exposée à la Fine Art Society de Londres en 1973, l'année où Freud a peint *Large Interior, London W.9*[21]. Ce tableau préfigure plus particulièrement la pose de la femme allongée de Freud, malgré son traitement plus relâché et son échelle plus intime. La figure assise, elle aussi à droite, est masculine chez le maître, sans doute s'agit-il de l'amant ou du mari. Bien que les deux tableaux présentent des planchers nus, l'intérieur peint par Freud est globalement plus austère et peu accueillant. La lumière, également, est dure et éclatante, comparée à la douceur de l'effet de crépuscule ou d'aube dans la toile de Sickert. Néanmoins, les résonances entre les deux œuvres sont suffisamment nombreuses pour que l'on puisse penser à un signe de Freud en direction de *What Shall We Do for the Rent?*

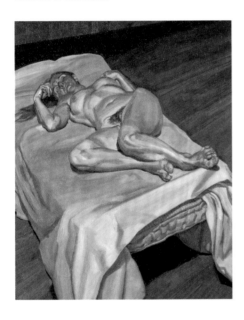

Une autre confrontation pourrait témoigner d'une empathie esthétique et imaginative de Freud vis-à-vis de Sickert. La palette composée principalement de brun, d'ocre et de blanc sale, le point de vue rapproché mais en hauteur, la conjonction des plans muraux frontaux et diagonaux, l'orientation également en diagonale des deux figures plus âgées et l'atmosphère de dislocation psychologique entre les générations s'additionnent pour suggérer une assimilation par Freud de l'*Ennui* de Sickert (cat. 133), tableau inhabituellement monumental dans l'œuvre du peintre, rigoureusement construit et exécuté. Sur le plan formel, la pyramide étirée en hauteur qui renferme, malgré leur dissociation spatiale, les deux personnages de Sickert, correspond à la configuration choisie par Freud, dans laquelle les genoux du modèle délimitent et font ressortir la tête et les épaules de la mère, tandis que la forme qu'ils décrivent se raccorde visuellement aux contours du fauteuil. La présence inflexible du bois, du cuir, du plâtre, etc. semble, dans les deux cas, oppresser encore davantage les deux personnages coupés l'un de l'autre. Le verre de bière posé sur la table d'*Ennui* apporte une note géométrique dure qui crée un contraste avec d'autres surfaces et textures, d'une manière analogue au mortier et au pilon dans le tableau de Freud, attributs, là encore, de la figure âgée. Incontestable œuvre de Freud, *Large Interior, London W.9* finit également par ressembler à un hommage à Sickert.

Le matériel réuni ici évoque, je l'espère, les conséquences artistiques d'une passion pour Sickert partagée, et sans doute débattue, par Auerbach, Bacon et Freud, trois artistes immensément ambitieux et originaux, pour ne pas dire individualistes. Il semblerait que leur dialogue avec l'art du maître ait été diversement productif, s'enracinant dans des rencontres opportunistes avec des tableaux spécifiques qu'ils ont pu assimiler de manière sélective et adapter à leurs propres objectifs. L'idée fondamentale a été résumée par Sickert lui-même : « Pour le peintre véritablement créatif [...] le travail des autres est essentiellement une nourriture qui vient alimenter sa propre création[22]. »

ANNA GRUETZNER ROBINS

« ARRÊTE-MOI SI TU PEUX » : SICKERT ET JACK L'ÉVENTREUR

Entre le 31 août et le 9 novembre 1888, cinq femmes sont sauvagement assassinées par un psychopathe dans l'East End de Londres[1]. Au mois de septembre, une confession épistolaire adressée à la police et signée « Jack the Ripper » [« Jack l'Éventreur »] couvre le meurtrier d'une infamie durable[2]. Dans l'espoir que l'écriture du tueur soit reconnue, des fac-similés de la lettre et d'une carte postale sont largement diffusés dans la presse[3]. Leur publication entraîne un certain nombre de lettres de confession, dont l'une est publiée dans un journal local de l'East End. Une jeune vendeuse de Bradford et plusieurs mineurs seront poursuivis par la justice pour avoir envoyé quelques-unes de ces missives. La police détruit celles qui, de toute évidence, sont des canulars. Plus de 1 500 journaux britanniques font paraître des copies des deux documents[4], intensifiant ainsi une « manne journalistique » qui prend la forme d'un roman-feuilleton ne négligeant que peu de détails sur la pauvreté, l'ivrognerie, la mutilation horrible des victimes, et entretenant une spéculation permanente sur l'identité du tueur. Le public, dont l'appétit pour les meurtres romancés et sensationnalistes n'est plus à démontrer, n'en a jamais assez de ces vrais meurtres.

Il n'existe pas la moindre preuve que Sickert ait été Jack l'Éventreur, et celles qu'avancent les ouvrages publiés sur le sujet ne peuvent être vérifiées de manière concluante. Pourtant, cette « affaire non classée » continue de captiver le public, et Sickert est aujourd'hui encore désigné comme l'un des suspects[5]. Le peintre, de longue date, a éprouvé pour ces meurtres de Whitechapel une fascination qu'il ne se privait pas de partager avec ses amis et ses connaissances. Ainsi indique-t-il à son premier biographe qu'une nuit, alors qu'il rentrait chez lui après avoir passé la soirée dans un music-hall de l'East End, vêtu d'un long manteau à carreaux et portant un petit sac, il avait effrayé des jeunes filles qui s'étaient enfuies « terrorisées, hurlant "Jack l'Éventreur, Jack l'Éventreur !"[6] » Il se plaît également à prétendre qu'il habite une maison où Jack l'Éventreur vécut jadis. Vers 1900, Max Beerbohm écrit que Sickert a « logé dans la maison de Jack l'Éventreur[7] ». En 1907, l'artiste loue des chambres au premier étage d'une pension sise au 6 Mornington Crescent, après que sa logeuse lui a appris qu'un étudiant vétérinaire, qu'elle croyait être Jack l'Éventreur, avait habité ces chambres une vingtaine d'années auparavant ; Sickert y a vraisemblablement peint *Jack the Ripper's Bedroom* (fig. 51). Enfin, vers 1930, Sickert déclare au peintre André Dunoyer de Segonzac qu'« il habita [...] à White Chapel *[sic]* dans la maison où vécut "Jack l'Éventreur" et [lui raconte], avec beaucoup d'esprit, la vie discrète et édifiante de ce monstrueux assassin[8] ». Cela signifie qu'il a vécu dans au moins deux logis différents qu'il pensait avoir été naguère habités par Jack l'Éventreur[9].

Taquiner ses amis à propos de l'identité de Jack l'Éventreur fait partie du jeu. Il raconte par exemple à Osbert Sitwell qu'il a écrit le nom de l'étudiant vétérinaire dans un exemplaire des mémoires de Casanova emprunté à Albert Rutherston, « mais [que] le livre a disparu pendant le bombardement de Londres[10] », et va même jusqu'à prétendre avoir peint un portrait du tueur[11].

On pourrait écarter ces récits comme autant d'anecdotes amusantes, mais bien plus que cela, Jack l'Éventreur est pour Sickert une figure fantasmatique marquante. Comme exposé dans mon essai consacré aux identités de Sickert dans l'autoportrait (voir p. 16), la formation théâtrale du peintre lui a donné le goût de jouer des rôles. L'artiste Marjorie Lilly, qui a fait sa connaissance en 1917, déclarera plus tard dans un entretien que, lorsqu'il pensait à Jack l'Éventreur, Sickert « faisait une crise[12] ». Il sortait sa lanterne *bullseye* (une lampe utilisée

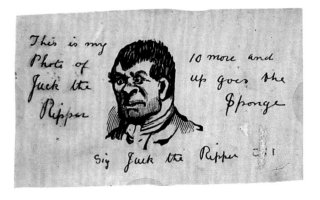

Fig. 48
Dessin à l'encre noire sur papier collé sur papier ligné, en réponse à une description donnée à la police, 19 novembre 1888, National Archives

Fig. 49
Lettre avec dessin de trois têtes de profil, reçue par la police de la Ville de Londres, 4 octobre 1888, London Metropolitan Archives

Fig. 50
Gravure sur bois censée représenter Jack l'Éventreur, imprimée sur une lettre datée du 12 novembre 1888, National Archives

par les enquêteurs de police travaillant sur des meurtres), s'affublait d'un mouchoir rouge et d'une casquette qu'il s'enfonçait sur les yeux (des témoins ayant affirmé avoir aperçu un homme qu'ils pensaient être Jack l'Éventreur porter ces accessoires[13]), et sortait même un sac Gladstone (autre accessoire) lorsqu'il partait en expédition sur les lieux du crime[14].

Si l'attachement de Sickert à Jack l'Éventreur est en accord avec les célèbres rôles qu'il a joués sur des scènes de théâtre – où il a incarné différents personnages et figures historiques –, son identification au tueur en série est plus profonde. Bon nombre de lettres considérées comme étant de la main de Jack l'Éventreur, aujourd'hui conservées aux National Archives et aux London Metropolitan Archives, se caractérisent par un langage et un argot très particuliers, qui masquent une intelligence raffinée[15].

Compte tenu de l'intérêt du public pour le sujet, la Tate a suggéré, en 2002, que l'« historien et analyste de documents, consultant de police technique et scientifique de renommée internationale » Peter Bower puisse examiner ces lettres[16]. Dans son étude de référence sur les papiers utilisés par William Turner, Bower précise que deux de ses aquarelles ont été peintes sur « le même lot » issu d'une main de vingt-quatre feuilles de papier à lettres[17] et que deux autres aquarelles « étaient à l'origine des morceaux des mêmes feuilles », et rassemble des groupes d'aquarelles réalisées à partir d'une feuille de papier « déchirée en seize morceaux de dimensions irrégulières[18] ».

Utilisant des méthodes de recherche analogues, Bower établit de manière concluante que le papier de trois lettres écrites par Sickert en 1890[19] correspond à celui de deux lettres de Jack l'Éventreur datant d'octobre 1888 – dont l'une comporte un alignement de trois têtes féminines représentées de profil (fig. 49[20]), qui suggèrent une connaissance du traité de William Hogarth *Analyse de la beauté* auquel Sickert vouait une profonde admiration, avec, inscrit à côté d'elles, le mot « *Lust* » [« Luxure »][21]. Les cinq lettres sont rédigées sur le même ensemble ou main de vingt-quatre feuilles de papier à lettres filigrané Gurney Ivory Laid, où « tout concorde ». Comme l'indique Bower : « Si tout concorde, on ne peut qu'affirmer que deux feuilles proviennent du même lot[22]. » Une autre lettre de l'Éventreur, signée Nemo[23], le nom de scène que Sickert avait adopté lorsqu'il était jeune acteur, concorde avec une lettre de l'artiste au peintre William Rothenstein[24]. Bower cultive cependant la prudence. Il suggère, par exemple, qu'il n'existe qu'une concordance probable entre une esquisse de music-hall due à Sickert, conservée à la Walker Art Gallery de Liverpool (cat. 53), et deux lettres de l'Éventreur conservées aux National Archives[25]. L'esquisse fait partie d'un grand ensemble d'études de music-hall que Sickert a collées dans des albums, mais la majorité d'entre elles – y compris le dessin de la Walker Art Gallery – ont fait l'objet d'un remontage, ce qui n'a vraisemblablement pas été sans conséquences sur le papier. Le résultat des recherches de Bower n'a pas acquis droit de cité, contrairement à d'autres allégations sur le lien de Sickert avec les crimes, et il est ironique de constater que ses analyses des papiers de Turner et d'autres artistes ont été entendues, mais non ses conclusions sur les lettres de l'Éventreur[26].

Outre les concordances dans les papiers, identifiées par l'historien, un ensemble de plus de quarante lettres de Jack l'Éventreur – rédigées et illustrées avec des matériaux d'artiste – a été examiné. Certaines de ces lettres ont été rédigées à l'encre avec une plume de dessinateur, d'autres peintes au doigt, d'autres encore au pinceau ; dans cette dernière catégorie figure une lettre identifiée par le département de restauration des œuvres de la Tate comme un cas d'utilisation de vernis à graver, dans laquelle des griffonnages grossiers représentant des personnages masculins, parfois munis de couteaux, sont penchés sur des personnages féminins prostrés[27]. D'autres encore offrent des illustrations plus abouties, à l'instar de celle contenant du jargon de boxe, que le même département de restauration de la Tate a reconnu comme une gravure sur bois et qui figure un portrait dont les traits grossiers sont conformes à la notion d'« individu anthropologiquement dégénéré » (fig. 50)[28]. On trouve également des missives rédigées à l'encre noire (dont l'une comporte une caricature d'homme de profil), à l'encre de couleur, au crayon à copier bleu (utilisé pour copier un dessin en vue de sa reproduction en gravure), ou encore au crayon graphite et au crayon de couleur[29]. Enfin, sur l'une d'elles est inscrite la phrase « *catch me if you can* » (« arrête-moi si tu peux »), au crayon, dans une écriture calligraphique et recouverte d'encre rouge appliquée au pinceau[30].

Si l'identification de Sickert à Jack l'Éventreur était profondément ancrée dans sa psyché, cela ne signifie pas qu'il ait été le tueur. L'interminable série d'articles de presse a sans aucun doute suscité son intérêt, et il est probablement l'auteur du beau dessin à la plume et à l'encre figurant le tueur vêtu d'un manteau d'astrakan, le menton rentré dans le col (fig. 48)[31], qui illustre la description d'un suspect publiée dans la presse[32]. Comme douze lettres, dont celle qui coïncide probablement avec le croquis de Sickert conservé à la Walker Art Gallery, ce dessin comporte l'inscription « *catch me if you can* » (« arrête-moi si tu peux »)[33]. Nous ne saurons jamais précisément pourquoi Sickert a écrit ces lettres. Leur caractère d'aveu, ainsi que leur ton moqueur, sont troublants, mais pourraient faire partie d'un jeu compliqué joué par un artiste très compliqué, qui aimait provoquer : « Arrête-moi si tu peux. » Il ne fut assurément pas le seul à avouer un crime qu'il n'avait pas commis[34].

Fig. 51
Jack the Ripper's Bedroom, 1906-1907, huile sur toile, 50,8 × 40,7 cm, Manchester Art Gallery

Ci-contre
Walter Sickert, c. 1934-1942, Tate Archive

NOTES

INTRODUCTION

1. Walter Sickert, « Idealism », dans Anna Gruetzner Robins (dir.), *Walter Sickert. The Complete Writings on Art*, Oxford, New York, Oxford University Press, 2000, p. 228-230.*
2. Voir Anna Gruetzner Robins (dir.), 2000, *Ibidem*.
3. Voir Anna Gruetzner Robins et Richard Thomson, *Degas, Sickert and Toulouse-Lautrec. London and Paris 1870-1910*, cat. exp., Londres, Tate Britain, 5 octobre 2005 – 15 janvier 2006, Washington, The Phillips Collection, 18 février – 14 mai 2006, Londres, Tate Publishing, 2005.
4. Voir Marjorie Lilly, Sickert. *The Painter and his Circle*, Londres, Elek, 1971 ; Patricia Cornwell, *Jack l'Éventreur, affaire classée. Portrait d'un tueur*, trad. Jean Esch, Paris, Éditions des deux-terres, 2003.
5. Voir *Late Sickert. Paintings 1927 to 1942*, cat. exp., Londres, Arts Council, Hayward Gallery, novembre 1981 – janvier 1982 ; Norwich, Sainsbury Centre for Visual Arts, University of East Anglia, mars-avril 1982 ; Wolverhampton, Wolverhampton Art Gallery, avril-mai 1982. Textes de Frank Auerbach, Richard Morphet, Helen Lessore et Denton Welch, catalogue des œuvres établi par Wendy Baron.

L'APPARENCE DE SICKERT : PEINDRE LE MOI

1. Robert Emmons, *The Life and Opinions of Walter Richard Sickert*, Londres, Faber and Faber Limited, 1941, p. 4.
2. Walter Sickert, « Mural Decoration », *English Review*, juillet 1912, dans Anna Gruetzner Robins (dir.), *Walter Sickert. The Complete Writings on Art*, Oxford, New York, Oxford University Press, 2000, p. 326.
3. Walter Sickert, « Two Exhibitions », *The Speaker*, 7 novembre 1896, dans Anna Gruetzner Robins (dir.), 2000, *op. cit.*, p. 109.
4. *Ibidem*, p. 2.
5. *Ibid.*
6. William Rothenstein, *Men and Memories. Recollections of William Rothenstein, 1872-1900*, Londres, Faber and Faber Limited, 1934, p. 167.
7. Sickert rencontre Gauguin à Dieppe en 1885 et lui conseille d'abandonner la peinture, mais son opinion sur l'œuvre de son aîné évoluera ensuite : quand *Manaò Tupapaú* (aujourd'hui conservé à l'Albright-Knox Art Gallery, Buffalo) figure au nombre d'un ensemble de tableaux de Gauguin devant être exposés à Londres, il fait campagne pour son acquisition par la National Gallery.
8. Voir Alastair Wright, « Gauguin's *Self-Portraits*. Egos and Alter Egos », dans Cornelia Homburg et Christopher Riopelle (dir.), *Gauguin. Portraits*, cat. exp., Ottawa, National Gallery of Canada, 24 mai – 8 septembre 2019, Londres, National Gallery, 7 octobre 2019 – 26 janvier 2020, p. 24. L'exposition de 1906 présente notamment *Autoportrait à l'ami Carrière* (1888-1889, Washington, National Gallery of Art) ; *Autoportrait au chapeau* (1893-1894, Paris, musée d'Orsay) ; *Autoportrait à la palette* (vers 1894, collection privée) ; *Portrait de l'artiste « à l'ami Daniel »* (1896, Paris, musée d'Orsay).
9. Walter Sickert, lettre à Jacques-Émile Blanche, s.d. [vers 1900], Ms 7055 168, Institut de France.
10. Louis Vauxcelles, « Le Salon d'automne : supplément », *Gil Blas*, 5 octobre 1906, dans Anna Gruetzner Robins et Richard Thomson, *Degas, Sickert and Toulouse-Lautrec. Londres and Paris 1870-1910*, cat. exp., Londres, Tate Britain, 5 octobre 2005 – 15 janvier 2006, Washington, The Phillips Collection, 18 février – 14 mai 2006, Londres, Tate Publishing, 2005, p. 180.
11. Voir Walter Sickert, lettre à Nan Hudson, [avril 1907], dans Wendy Baron, *Sickert. Paintings and Drawings*, New Haven et Londres, Yale University Press, 2006, p. 70.
12. Extrait traduit de la définition « écorché » de Monique Kornell, *Grove Art Online*, https://www.oxfordartonline.com/groveart/view/10.1093/gao/9781884446054.001.0001/oao-9781884446054-e-7000024851?rskey=D4oWZ2, consulté le 20 septembre 2021.
13. Bottom, dans William Shakespeare, *Le Songe d'une nuit d'été*, acte I, scène 2.
14. Matthew Sturgis, *Walter Sickert. A Life*, Londres, Harper Collins, 2005, p. 83.
15. Voir Walter Sickert, lettre à Ethel Sands, septembre 1913, Londres, Tate Archive, TGA 9125/5/63.
16. Marjorie Lilly, Sickert. *The Painter and his Circle*, Londres, Elek, 1971, p. 17.
17. Voir Kasia Boddy, *Boxing. A Cultural History*, Londres, Reaktion Books, 2008, p. 82. « Interpreting Intelligence », dessin paru dans *Punch* du 21 avril 1860, montre un gamin des rues achetant discrètement un journal de sport pour un élégant « personnage ».
18. Wendy Baron et Richard Shone (dir.), *Sickert. Paintings*, cat. exp., Londres, Royal Academy of Arts, 20 novembre 1992 – 14 février 1993, Amsterdam, 25 février – 31 mai 1993, New Haven et Londres, Yale University Press, 1992, p. 288.
19. Richard Shone fait remarquer que Sickert quitte Burlington House, le siège de la Royal Academy (voir Richard Shone, *W. R. Sickert. Drawings and Paintings, 1809–1942*, Londres, Tate Gallery Publishing, 1990, p. 44).
20. Richard Sickert, « The Epstein Statues in the Strand », *The Daily Telegraph*, 11 mai 1935, dans Anna Gruetzner Robins, 2000, *op. cit.*, p. 677-678.
21. Richard Shone, *From Beardsley to Beaverbrook. Portraits by Walter Richard Sickert*, Bath, Victoria Art Gallery, 1990, p. 46. Dans cet ouvrage est reproduite une photographie de 1940 sur laquelle se fonde le tableau, mais Sickert en a remplacé l'arrière-plan par une bibliothèque.

LES ANNÉES D'APPRENTISSAGE : DE WHISTLER À DEGAS

1. Walter Sickert, lettre à James Abbott Whistler [24 mars / avril 1885] (Archives and Special Collections, Glasgow University Library, MS Whistler S67), dans Margaret F. MacDonald, Patricia de Montfort et Nigel Thorp (éd.), *The Correspondence of James McNeill Whistler, 1855-1903*, publication en ligne, Glasgow University : http://www.whistler.arts.gla.ac.uk/correspondence, GUW #05423.
2. Walter Sickert, « L'Affaire Greaves », *The New Age. A Weekly Review of Politics, Literature, and Art*, vol. IX, n° 7, 15 juin 1911, p. 160.
3. « An Art Student writes to us as follows », *Pall Mall Gazette*, 7 juin 1882, dans Anna Gruetzner Robins (dir.), *Walter Sickert. The Complete Writings on Art*, Oxford, New York, Oxford University Press, 2000, p. 3.
4. « With Wisest Sorrow », *Daily Telegraph*, 1er avril 1925, dans Anna Gruetzner Robins (dir.), 2000, *op. cit.*, p. 511.
5. Dans un article publié par le *Saturday Review* le 26 décembre 1896, Sickert avait mis en doute l'authenticité de lithographies dessinées sur papier report et non directement sur la pierre lithographique. Mais les relations entre les deux hommes étaient déjà altérées : Whistler désapprouvait l'association durable de Sickert avec Sir William Eden, peintre et collectionneur, avec lequel il s'était brouillé l'année précédente.
6. Ce procès se déroula en novembre 1878. Pour un compte rendu complet, voir Linda Merrill, *A Pot of Paint. Aesthetics on Trial in Whistler v. Ruskin*, Washington, Londres, Smithsonian Institution Press, 1992.
7. « Black and White Illustration » (conférence donnée devant des élèves des Beaux-Arts), novembre 1934, dans Anna Gruetzner Robins (dir.), 2000, *op. cit.*, p. 670.
8. Katy Norris, *Sickert in Dieppe*, cat. exp., Chichester, Pallant House Gallery, 2015, p. 28.
9. Voir Anna Gruetzner Robins (dir.), 2000, *op. cit.*, p. 511.
10. Voir Katy Norris, 2015, *op. cit.*, p. 26.
11. Voir Wendy Baron, *Sickert. Paintings and Drawings*, New Haven et Londres, Yale University Press, 2006, cat. 38 p. 160.
12. Walter Sickert, « The Dowdeswell Galleries [Third Notice] », *The New York Herald*, 10 avril 1889, dans Anna Gruetzner Robins (dir.), 2000, *op. cit.*, p. 32.
13. *Ibidem*.
14. Walter Sickert, « The New Life of Whistler », *The Fortnightly Review*, décembre 1908, dans Anna Gruetzner Robins (dir.), 2000, *op. cit.*, p. 186.
15. Walter Sickert cité dans Anna Gruetzner Robins (dir.), 2000, *op. cit.*, p. 511.
16. David Peters Corbett, *Walter Sickert*, Londres, Tate Gallery Publications, 2001, p. 7.
17. Occasionnellement, Sickert participa directement aux expérimentations de Whistler sur ses matériaux. Celles-ci se traduisaient souvent par des échecs et des pertes conséquentes pour Whistler, comme Sickert le rappellera plus tard : « Peut-être 30 %, et je suis généreux, des toiles de six pieds avaient le droit d'être conservées. Il m'est impossible de me souvenir du nombre de celles que je l'ai aidé à découper en rubans sur leurs châssis. » Voir Anna Gruetzner Robins (dir.), 2000, *op. cit.*, p. 511.

LE MUSIC-HALL ET LE PEINTRE FÉRU DE THÉÂTRE

1. Voir Dalya Alberge, « Quick on the Draw », *The Independent*, 26 janvier 1993.
2. Voir Tracy C. Davis, « The Moral Sense of the Majorities. Indecency and Vigilance in Late-Victorian Music Halls », *Popular Music*, vol. 10, n° 1 (The 1890s), janvier 1991, p. 39.
3. Voir Anna Gruetzner Robins, « Sickert "Painter-in-Ordinary" to the Music-Hall », dans Wendy Baron et Richard Shone (dir.), *Sickert. Paintings*, cat. exp., Londres, Royal Academy of Arts, 20 novembre 1992 – 14 février 1993, Amsterdam, 25 février – 31 mai 1993, New Haven et Londres, Yale University Press, 1992, p. 13.
4. Voir Robert Emmons, *The Life and Opinions of Walter Richard Sickert*, Londres, Faber and Faber Limited, 1941, p. 4.
5. Voir Walter Sickert, « Sadler's Wells », *The Times*, 26 octobre 1932, reproduit dans Robert Emmons, 1941, *op. cit.*, p. 218. Voir également Anna Gruetzner Robins (dir.), *Walter Sickert. The Complete Writings on Art*, Oxford, New York, Oxford University Press, 2002 (1re éd. 2000).
6. Voir Matthew Sturgis, *Walter Sickert. A Life*, Londres, Harper Collins, 2005, p. 83.
7. Voir Mark Aston, « Walter Sickert. An Acting Artist at Sadler's Wells », 23 janvier 2013 (https://islingtonblogs.typepad.com/sadlers-wells-archive/2013/01/walter-sickert-an-artiste-at-sadlers-wells.html, consulté le 15 mars 2021).
8. Voir John Rothenstein, *Modern English Painters*, Londres, Eyre & Spottiswoode, 1952, p. 33.
9. Voir Walter Sickert, lettre à Alfred Pollard, 28 et 29 mars 1879 (Collection Woudhuysen).
10. Voir H. M. Swanwick, *I Have Been Young*, Londres, Victor Gollancz, 1935, p. 60.
11. Voir Walter Sickert, lettre à Alfred Pollard, 15 avril 1880 (Collection Woudhuysen).
12. Voir petites annonces, *The Standard*, n° 17448, 22 juin 1880.

13. Voir petites annonces, *The Standard*, n° 17450, 24 juin 1880.
14. Voir petites annonces, *The Times*, 28 juin 1880.
15. Voir Islington Museums, « From Munich to Highbury. Walter Sickert and the Sickert family collection in Islington » (20200421waltersickertm(islington. gov.uk), consulté le 12 février 2021).
16. Voir Matthew Sturgis, 2005, *op. cit.*, p. 110.
17. « The New English Art Club Exhibition. Arts Club, Hanover Square », *The Scotsman*, 24 avril 1889, dans Anna Gruetzner Robins (dir.), 2000, *op. cit.*, p. 41.*
18. Cité dans Tracy C. Davis, 1991, *op. cit.*, p. 39.
19. Voir Barry J. Faulk, *Music Hall and Modernity. The Late-Victorian Discovery of Popular Culture*, Athens (Ohio), Ohio University Press, 2004, p. 23.
20. Voir Arthur Symons, lettre à Herbert Horne, 25 mai 1892, dans Karl Beckson et John M. Munro (éd.), *Arthur Symons. Selected Letters*, 1880-1935, Basingstoke et Londres, Macmillan, 1989, note 7 p. 96.
21. Voir Anna Gruetzner Robins, *A Fragile Modernism. Whistler and his Impressionist Followers*, New Haven et Londres, Yale University Press, 2007, p. 106-107.
22. Voir « London Sketches – at a Music Hall », *The Graphic*, 5 avril 1873 (British Library, 19th Century British Library Newspapers BA320141829).
23. Voir Dalya Alberge, 1993, *op. cit.*
24. Tracy C. Davis, 1991, *op. cit.*, p. 39.
25. Voir *Ibidem*, p. 42.
26. Voir Rebecca Daniels, « Walter Sickert and Urban Realism. Ordinary Life and Tragedy in Camden Town », *The British Art Journal*, vol. III, n° 2, printemps 2002, p. 58-69 (https:// www.jstor.org/stable/41614379, consulté le 12 février 2021).
27. Voir *Camden and Kentish Town's and St Pancras Gazette*, 1er février 1899, dans Jean Aster, « History of *The New Bedford* Theatre, Camden Town. A Case Study of the Working Class "Recreational Revolution" during the Edwardian Era and beyond », thèse de doctorat non publiée, University of London, mai 1999, p. 15-16.
28. Voir Robert Upstone (dir.), *Modern Painters. The Camden Town Group*, cat. exp., Londres, Tate Britain, 13 février – 5 mai 2008, p. 74.
29. Cité dans Anna Gruetzner Robins, 1992, *op. cit.*, p. 13.

L'APÔTRE TRÈS DISCRÉDITÉ DE L'ART DU MUSIC-HALL : SICKERT ET LA SCÈNE

1. Walter Sickert dans « The Gospel of Impressionism. A Conversation Between Two Impressionists and a Philistine », *The Pall Mall Gazette*, 21 juillet 1890, dans Anna Gruetzner Robins (dir.), *Walter Sickert. The Complete Writings on Art*, Oxford,

New York, Oxford University Press, 2000, p. 74. Le titre du présent essai, « L'apôtre très discrédité de l'art du music-hall », est extrait de ce texte. Un grand merci à Anna Gruetzner Robins, Wendy Baron, Thomas Kennedy et Peter Charlton de la British Music Hall Society.
2. *Ibidem*, p. 76.
3. *Ibid.*, p. 75.
4. Voir Jerry White, *London in the Nineteenth Century*, Londres, Bodley Head, 2016, p. 280.
5. Robert Emmons, *The Life and Opinions of Walter Richard Sickert*, Londres, Faber and Faber Limited, 1941, p. 47-48.
6. Charles Douglas Stuart et A. J. Park, *The Variety Stage. A History of the Music Halls from the Earliest Period to the Present Time*, Londres, 1895, p. 73. En 1898, le Bedford est un établissement plutôt miteux. Avant sa démolition, *The Era* note que « la vieille salle, avec ses abords peu pratiques et ses entrées étouffantes, n'existera plus » (Anonyme, « Music Hall Gossip », *The Era*, 14 mai 1898, p. 19).
7. Le titre fait référence aux coulisses (P. S. pour *prompt side* [côté cour] et O. P. pour *opposite prompt* [côté jardin]). Le tableau est mentionné sous ce titre dans Anonyme, « Two Picture Exhibitions in London », *The Leeds Mercury*, 3 décembre 1889, p. 5, et Walter Armstrong, « Two Winter Exhibitions », *Manchester Daily Examiner*, 5 décembre 1889, p. 12. Wendy Baron note que des dessins de la Glebe House and Gallery, à Donegal, permettent d'attester que le Bedford est bien la salle représentée. Elle signale également que des esquisses de profils de spectateurs, appartenant à une collection privée, portent l'inscription « Bedford Jan 19 88 » de la main de Sickert. En revanche, dans la collection de la Manchester Art Gallery figure un dessin d'une tête d'artiste anonyme sur une feuille d'études, qui inclut des motifs du Palace of Varieties, le music-hall de Gatti. Voir Wendy Baron, *Sickert. Paintings and Drawings*, New Haven et Londres, Yale University Press, 2006, p. 176-177.
8. Robert Emmons, 1941, *op. cit.*, p. 48.
9. Colin MacInnes, *Sweet Saturday Night*, Londres, MacGibbon & Kee, 1967, p. 10.
10. Robert Emmons, 1941, *op. cit.*, p. 48.
11. Walter Sickert dans « The Gospel of Impressionism. A Conversation Between Two Impressionists and a Philistine », 1890, 2000, *op. cit.*, p. 76. Dans les années 1880, en raison de la vétusté des salles mais aussi de leur succès grandissant, de nombreux théâtres sont démolis et remplacés par des bâtiments plus grands et plus imposants, un sort que connaît le Bedford en 1898. L'établissement parvient néanmoins à conserver une certaine atmosphère « milieu du xixe siècle », ce qui explique probablement l'attrait qu'il exerce sur Sickert, même si ce dernier préférait le Bedford d'avant 1898, « avant que les music-halls ne deviennent des

lieux enchaînant deux représentations dans la même soirée, comme certains théâtres » (Walter Sickert, « The Allied Artists' Association », *The New Age*, 14 juillet 1910, dans Anna Gruetzner Robins, 2000, *op. cit.*, p. 258).
12. Anonyme, « Notes on Current Topics », *The Yorkshire Post and Leeds Intelligencer*, 7 décembre 1889, p. 6. Ce passage fait allusion aux tableaux de Sickert présentés dans l'exposition « London Impressionist », y compris *The P. S. Wings in the O. P. Mirror*.
13. Anonyme, « From Private Correspondence », *The Scotsman*, 15 avril 1889, p. 7.
14. Walter Sickert, « The New English Art Club Exhibition. Arts Club, Hanover Square », *The Scotsman*, 24 avril 1889, dans Anna Gruetzner Robins, 2000, *op. cit.*, p. 41.*
15. George Moore, « Degas: The Painter of Modern Life », *The Magazine of Art*, janvier 1890, p. 423.
16. Arthur Symons, « A Spanish Music Hall » (1892), in Arthur Symons, *Cities and Sea-Coasts and Islands*, Londres, W. Collins Sons & Co, 1918, p. 145.
17. Pour davantage de détails sur la vie de Vesta, voir Carol A. Morley, « The Most Artistic *Lady* Artist on Earth: Vesta Victoria », dans Paul Fryer (dir.), *Women in the Arts in the Belle Époque. Essays on Influential Artists, Writers and Performers*, Jefferson, NC, McFarland & Company, 2012, p. 186-209.
18. Anonyme, « London Variety Stage », *The Stage*, 28 mars 1890, p. 16.
19. Un autre succès suivra en 1906, « Waiting at the Church (My Wife Won't Let Me) », de Fred W. Leigh.
20. Anonyme, « The Playhouses », *The Illustrated London News*, 2 février 1889, p. 134. Pour de plus amples informations sur l'instrument, voir Laura Vorachek, « Whitewashing Blackface Minstrelsy in Nineteenth-Century England. Female Banjo Players in "*Punch*" », *Victorians. A Journal of Culture and Literature*, n° 123, printemps 2013, p. 31-51.
21. Voir cat. 55.1 et 55.4 dans Wendy Baron, 2006, *op. cit.*, p. 187.
22. Anonyme, « Londoners in Straw Hats », *The Huddersfield Chronicle*, 6 août 1894, p. 4. La présence du chapeau suggère également que Sickert a peint la salle durant l'été. Il n'ignorait rien de l'importance des accessoires. Évoquant le tableau de Philip Wilson Steer, *Signorina Zozo in « Dresdina »*, il note avec perspicacité : « Même les chapeaux de ces "Johnnies" des premiers rangs seront intéressants pour la postérité. » (Walter Sickert, « The Gospel of Impressionism. A Conversation Between Two Impressionists and a Philistine », 1890, 2000, *op. cit.*, p. 76.)
23. « The London Music Halls », *The Era*, 21 mai 1887, p. 17, et « The London Music Halls », *The Era*, 23 janvier 1886, p. 10.
24. « Music Halls », *London and Provincial Entr'acte*, 13 avril 1889, p. 6.
25. « The Gem of Comedy: Miss Ada Lundberg » (publicité), *The Era*, 22 novembre 1890, p. 28.

26. Voir Edward Ledger (dir.), *The Era Almanack – Dramatic & Musical*, Londres, *The Era*, 1878, dans Sam Beale, *The Comedy and Legacy of Music-Hall Women 1880-1920. Brazen Impudence and Boisterous Vulgarity*, Basingstoke, Palgrave Macmillan, 2020, p. 2.
27. Walter Sickert, « Impressionism », préface de *A Collection of Paintings by the London Impressionists at the Goupil Gallery, London*, 2 décembre 1889 (voir Anna Gruetzner Robins (dir.), 2000, *op. cit.*, p. 60.
28. Walter Sickert, « The Allied Artists' Association », dans Anna Gruetzner Robins (dir.), 2000, *op. cit.*, p. 258.

AU-DELÀ DU PORTRAIT : SICKERT ET LA REPRÉSENTATION

1. Walter Sickert, « Idealism », *Art News*, 12 mai 1910.
2. Walter Sickert, « Future of the Autumn exhibition », *Liverpool Post and Mercury*, 21 octobre 1929.
3. Wendy Baron et Richard Shone (dir.), *Sickert. Paintings*, cat. exp., Londres, Royal Academy of Arts, 20 novembre 1992 – 14 février 1993, Amsterdam, 25 février – 31 mai 1993, New Haven et Londres, Yale University Press, 1992, p. 176.
4. Virginia Woolf, *Collected Essays* (1924), vol. 2, Londres, Hogarth P., 1966, p. 235.
5. *Ibidem*. Richard Shone suggère que le paysage généralisé pourrait, en fait, se fonder sur une marine dieppoise.
6. J. W. Goodison, « Sickert's Use of Photography », *The Burlington Magazine*, vol. 113, n° 822, septembre 1971, p. 551-552.
7. Le peintre a orthographié fautivement le nom de Victor Lecourt, propriétaire d'un restaurant réputé se trouvant près de Dieppe. Par conséquent, son portrait est connu dans la littérature relative à Sickert sous le nom erroné avec lequel il a été exposé.
8. Cité dans Robert Emmons, *The Life and Opinions of Walter Richard Sickert*, Londres, Faber and Faber Limited, 1941, p. 188.
9. Cité dans André Chastel, *Vuillard 1868-1940*, Paris, Floury, 1946, p. 94.
10. Marcia *Pointon, Portrayal and the Search for Identity*, Londres, Reaktion, 2012, p. 48.
11. Andrew Causey, « The English Impressionist », *The Illustrated London News*, 10 février 1968, p. 27.
12. Walter Sickert, « The Study of Drawing », *The New Age*, 16 juin 1910, p. 156-157.
13. En dialecte vénitien, *le tose* signifie « les filles ».

« PLEINES D'ATTRAIT – TRISTES – BLAFARDES – TOUCHANTES » : LES ŒUVRES PITTORESQUES DE SICKERT

1. Walter Sickert, lettre à Florence Humphrey, 1898, dans Wendy Baron,

Sickert. Paintings and Drawings, New Haven et Londres, Yale University Press, 2006, p. 37.

2. Les témoignages diffèrent sur le point de savoir si Walter Sickert s'est rendu à Dieppe durant l'été ou l'hiver 1898. Je partage l'avis de Matthew Sturgis qui cite une correspondance entre les associés de Sickert, Max Beerbohm et Reggie Turner, selon laquelle le peintre se trouvait dans la ville normande à la fin du mois d'août (voir Matthew Sturgis, *Walter Sickert. A Life*, Londres, Harper Collins, 2005, p. 263).

3. Walter Sickert, lettre à Florence Humphrey, 1899, dans Wendy Baron, 2006, *op. cit.*, p. 37.*

4. On s'est interrogé sur la possibilité que Sickert ait recouru à la photographie comme source d'inspiration pour réaliser ses paysages architecturaux. Robert Upstone présente un dossier convaincant pour démontrer l'influence de photographies stéréoscopiques sur les scènes vénitiennes de Sickert, mais conclut que toute utilisation directe ne peut être que « suggérée, et non attestée » (voir Robert Upstone, *Sickert in Venice*, cat. exp., Dulwich Picture Gallery, Londres, Scala, 2009, p. 57-63). Pour une discussion relative à l'incidence des cartes postales touristiques sur les peintures de Sickert à Dieppe, voir Katy Norris, *Sickert in Dieppe*, cat. exp., Chichester, Pallant House Gallery, 2015, p. 76-78.

5. Cette dynamique est détaillée dans les lettres que Sickert a écrites à Constance Hulton. Ces lettres sont citées à plusieurs reprises dans Wendy Baron, 2006, *op. cit.*, p. 45-47.

6. Jacques-Émile Blanche, *Portraits of a Lifetime*, Londres, J. M. Dent & Sons, 1937, p. 45.

7. Sickert a pu voir une exposition de la série des « Cathédrales de Rouen » de Claude Monet à la galerie Durand-Ruel en 1895, alors qu'il était en route pour Venise. Il est proche de Camille Pissarro lorsque l'impressionniste réside à Dieppe pour peindre sa série de l'église Saint-Jacques durant l'été 1901, et sera sans aucun doute directement influencé par lui. Bien que Sickert ait adopté plus tard une attitude ambivalente vis-à-vis du travail par séries de Monet, il n'en a pas moins continué de tenir Pissarro en haute estime. Voir le commentaire sur le tableau de Monet figurant le palais des Doges, à Venise, dans Walter Sickert, « French Pictures at Knoedler's Gallery », *The Burlington Magazine* for Connoisseurs, vol. 43, nᵒ 244, juillet 1923, et l'évaluation ultérieure de la contribution de Pissarro à la peinture moderne dans Sickert, « Camille Pissarro (1830-1903) at Leicester Galleries », juin 1931. Ces deux articles sont reproduits dans Anna Gruetzner Robins (dir.), *Walter Sickert. The Complete Writings on Art*, Oxford, New York, Oxford University Press, 2000, p. 463 et 611.

8. Walter Sickert, lettre à Ethel Sands, 1915, dans Wendy Baron, 2006, *op. cit.*, p. 45.

9. Il existe de très nombreux travaux de recherche portant sur les sujets londoniens de Sickert. Voir les essais de Richard Shone, « Walter Sickert, the Dispassionate Observer » et d'Anna Gruetzner Robins, « Sickert "Painter-in-Ordinary" to the Music-Hall », dans Wendy Baron et Richard Shone (dir.), *Sickert. Paintings*, cat. exp., Londres, Royal Academy of Arts, 20 novembre 1992 – 14 février 1993, Amsterdam, 25 février – 31 mai 1993, New Haven et Londres, Yale University Press, 1992 ; Lisa Tickner, « Walter Sickert. *The Camden Town Murder* and Tabloid Crime », dans Lisa Tickner, *Modern Life & Modern Subjects. British Art in the Early Twentieth Century*, Londres, New Haven, Yale University Press, 2000 ; Barnaby Wright (dir.), *Walter Sickert. The Camden Town Nudes*, cat. exp., Londres, Courtauld Gallery, 25 octobre 2007 – 20 janvier 2008. Ces dernières années, ce déséquilibre a été corrigé par deux expositions distinctes consacrées à Venise et à Dieppe. Voir Robert Upstone, 2009, *op. cit.* et Katy Norris, 2015, *op. cit.*

10. Cette voie d'approche s'appuie sur des études récentes portant sur l'identité de Sickert comme artiste internationaliste (voir Anna Gruetzner Robins, « Walter Sickert and the Language of Art », dans Grace Brockington (dir.), *Internationalism and the Arts in Britain and Europe at the Fin de Siècle*, Oxford, New York, Peter Lang, 2009, et Sophie Hatchwell, « "Acquiring a Foreign Accent". Painting as Cosmopolitan Language in Edwardian Art Writing », dans Charlotte Ashby et al. (dir.), *Imagined Cosmopolis. Internationalism and Cultural Exchange, 1870s-1920s*, Oxford, New York, Peter Lang Ltd, International Academic Publishers, 2019).

11. Voir Robert Upstone, 2009, *op. cit.*, p. 24-27.

12. Alors qu'il réside en France, Sickert bénéficie de deux grandes expositions personnelles à Paris, la première organisée par la galerie Durand-Ruel en décembre 1900, la seconde chez Bernheim-Jeune en juin 1904. Il expose également au Salon des indépendants et au Salon d'automne. En 1903, il présente des œuvres au salon annuel du Glaspalast à Munich et à la Biennale de Venise, dans les sections françaises. S'il demeure à l'écart de la Société internationale des peintres, sculpteurs et graveurs, il exposera deux tableaux vénitiens avec la société en 1905, deux ans après la mort de Whistler.

13. Richard Shone, « Sickert in Dieppe Exhibition Review », *The Burlington Magazine*, vol. 157, nᵒ 1353, décembre 2015, p. 872-873.

14. Jean, *Lady* Hamilton, citée dans Matthew Sturgis, *Walter Sickert. A Life*, Londres, Harper Collins, 2005, p. 335.

15. Voir Wendy Baron, 2006, *op. cit.*, p. 37-38.

16. *Ibidem*.

17. Jacques-Émile Blanche, 1937, *op. cit.*, p. 49.

SICKERT ET LA FRANCE

1. Voir Walter Sickert, « Alphonse Legros », *The Speaker*, 10 avril 1897, dans Anna Gruetzner Robins (dir.), *Walter Sickert. The Complete Writings on Art*, Oxford, New York, Oxford University Press, 2002 (1ʳᵉ éd. 2000), p. 155-157.

2. Edgar Degas cité par Walter Sickert, « Memories of Edgar *Degas* », 1917, dans *Degas. The Painter of Modern Life. Memories of Degas by George Moore and Walter Sickert*, Londres, Pallas Athene Arts, 2011, p. 76. Le motif du papillon, qui désigne ici Whistler, avait été choisi par l'artiste américain comme une sorte de signature stylisée qu'il apposait sur ses œuvres.

3. Voir Walter Sickert, « Impressionism », *The New Age*, 30 juin 1910, dans Anna Gruetzner Robins (dir.), 2000, *op. cit.*, p. 253-254.

4. Voir Walter Sickert, « New Wine », *The New Age*, 21 avril 1910, dans Anna Gruetzner Robins (dir.), 2000, op. cit., p. 218-219.

5. François Fosca, « Walter-Richard Sickert », *L'Amour de l'Art*, nᵒ 11, novembre 1930, p. 445.

6. Voir Wendy Baron, *Sickert. Paintings and Drawings*, Yale University Press, 2006, p. 56.

7. Voir Giampaolo Nuvolati, « Le *flâneur* dans l'espace urbain », *Géographie et cultures*, nᵒ 70 (Corps urbains), 2009, p. 7-20.

8. Voir Anna Gruetzner Robins (dir.), 2000, op. cit., p. XXIX.

9. Charles Baudelaire, *Le Peintre de la vie moderne*, 1863, coll. Litteratura. com, p. 11.

10. Walter Sickert, lettre à Sir William Eden, 15 novembre 1901, citée par dans Anna Gruetzner Robins dans Anna Gruetzner Robins et Richard Thompson, *Degas, Sickert and Toulouse-Lautrec. London and Paris 1870-1910*, cat. exp., Londres, Tate Britain, 5 octobre 2005 – 15 janvier 2006, Washington, The Phillips Collection, 18 février – 14 mai 2006, Londres, Tate Publishing, 2005, p. 156.

11. Walter Sickert, lettre à Sir William Eden, 15 novembre 1901, dans Denys Sutton, *Walter Sickert. A Biography*, Londres, Joseph, 1976, p. 109.

12. Voir Anna Gruetzner Robins, « Sickert and the Paris Art World », dans Anna Gruetzner Robins et Richard Thompson, 2005, *op. cit.*, p. 178.

13. Arsène Alexandre, « Petites expositions », *Le Figaro*, 7 juin 1904, p. 4.

14. Robert de Tanlis, *Lemeur*, 21 janvier 1907, dans Matthew Sturgis, *Walter Sickert. A Life*, Londres, Harper Collins, 2005, p. 372-373.

15. Paul Jamot, « Exposition Sickert », *La Chronique des arts et de la curiosité*, 19 janvier 1907, p. 19.

16. Louis Vauxcelles, « Le Salon d'automne. Supplément », *Gil Blas*, 17 octobre 1905, p. 1-2.

17. Gustave Geffroy, « Le Salon d'automne », Le Journal, 22 octobre 1905, p. 5.

18. Louis Vauxcelles, « Le Salon d'automne », supplément *Gil Blas*, 30 septembre 1908, p. 2.

19. Raymond Bouyer, *Le Bulletin de l'art*, 19 janvier 1907.

20. Félix Monod, « Supplément chronique. Un peintre anglais : M. Walter Sickert », *Art et Décoration*, juillet 1909, p. 3.

21. François Fosca, « Walter-Richard Sickert », 1930, *op. cit.*, p. 445.

22. Il convient de mentionner également le petit ensemble de tableaux de l'artiste rassemblé après la guerre par le collectionneur Georges Bemberg, et présenté depuis 1994 dans sa fondation à Toulouse.

SICKERT ET LE NU

1. William Blake Richmond, lettre à Robert Ross, dans Margery Ross (éd.), *Robert Ross, Friend of Friends* (1952), p. 215, 196-197, également citée dans Matthew Sturgis, *Walter Sickert. A Life*, Londres, Harper Collins, 2005, p. 424, note 20 p. 722.

2. Walter Sickert, « On the Conduct of a Talent », *The New Age*, 11 juin 1914, dans Anna Gruetzner Robins (dir.), *Walter Sickert. The Complete Writings on Art*, Oxford, New York, Oxford University Press, 2000, p. 376-378 (p. 377, italiques dans l'original). Ce dernier ouvrage est une ressource inestimable.

3. J'inclus ici les tableaux représentant une femme nue avec un homme vêtu, présentés par Wendy Baron dans son essai sur les *conversation pieces* (voir p. 166).

4. La chaussure – semblable à une bottine à talon bas et revers, la languette pendant vers l'avant – est esquissée dans un dessin apparenté, *Nude on a Couch* (Princeton University Art Museum), reproduit dans Wendy Baron, *Sickert. Paintings and Drawings*, New Haven et Londres, Yale University Press, 2006, cat. 191.1. Comme tous les auteurs s'intéressant à Sickert, je suis redevable aux travaux de Wendy Baron.

5. Voir Matthew Sturgis, 2005, *op. cit.*, p. 264-265.

6. Wendy Baron qualifie la chaussure de « voluptueuse » dans Wendy Baron, 2006, *op. cit.*, p. 49 ; elle est « flamboyante » pour le site de vente aux enchères Daxer & Marschall ; Wendy Baron, de nouveau, la qualifie de « tape-à-l'œil et aguicheuse » dans Barnaby Wright (dir.), *Walter Sickert. The Camden Town Nudes*, cat. exp., Londres, Courtauld Gallery, 25 octobre 2007 – 20 janvier 2008, p. 29.

7. On observe des chaussures ôtées dans d'autres œuvres de Sickert : voir Wendy Baron, 2006, *op. cit.*, cat. 344 et 344.1, et Anna Gruetzner Robins, *Walter Sickert. Drawings. Theory and Practice. Word and Image*, Aldershot,

Scolar Press, 1996, fig. 30, 31 et 32. Sickert connaissait-il la chaussure à doublure rose abandonnée avec les sous-vêtements dans le scandaleux *Rolla* (1878) d'Henri Gervex ? Gervex déclara plus tard que Degas lui avait conseillé de « mettre un corset par terre ». Voir Hollis Clayson, *Painted Love. Prostitution in French Art of the Impressionist Era*, New Haven et Londres, Yale University Press, 1992, p. 88.

8. Au début de l'année 1904, Sickert écrit au peintre Jacques-Émile Blanche que le temps lugubre l'a incité à rester à l'intérieur : « Je ne peux pas geler. ». Cité dans Wendy Baron, 2006, *op. cit.*, p. 49.

9. Walter Sickert, « The New English and After », *The New Age*, 2 juin 1910, dans Anna Gruetzner Robins (dir.), 2000, *op. cit.*, p. 242. En 1965, le musée des Beaux-Arts de Rouen précisait à Wendy Baron que *Vénitienne allongée à la jupe rouge* était « trop scabreux » pour être exposé en public (voir Wendy Baron, 2006, *op. cit.*, note 14 p. 5).

10. Sickert est un auteur prolifique, à la fois divertissant et provocateur, de textes sur l'art. D'avril à septembre 1910, il tient une chronique hebdomadaire pour *The New Age*. L'article « The naked and the Nude » (21 juillet) est reproduit dans Anna Gruetzner Robins (dir.), 2000, *op. cit.*, p. 260-264. Sous la direction d'A. R. Orage (1907-1922), *The New Age* (1894-1938) est une importante source d'informations sur l'art et la littérature modernes.

11. Kenneth Clark, *The Nude. A Study of Ideal Art* [1956], Harmondsworth, Penguin Books, 1960, chapitre I, « The Naked and the Nude », p. 1-25 [trad. française Martine Laroche, Paris, Hachette Littérature, 1998, chapitre 1, « La nudité et le nu », t. 1, p. 19, 21-22]. Dans les premières lignes, Clark distingue la nudité (le corps « transi et sans défense ») du nu (« équilibré, épanoui et assuré de lui-même : le corps remodelé »). Voir le commentaire de Lynda Nead dans *The Female Nude. Art, Obscenity and Sexuality*, Londres et New York, Routledge, 1992, p. 12-16.

12. Walter Sickert, « The naked and the Nude », dans Anna Gruetzner Robins (dir.), 2000, *op. cit.*, p. 261. Dans les « tableaux vivants » présentés comme numéros de music-hall, des femmes vêtues de corsages et de collants moulants de couleur chair interprètent des scènes inspirées de peintures et de sculptures.

13. Walter Sickert, « The Study of Drawing », *The New Age*, 16 juin 1910, dans Gruetzner Robins (dir.), 2000, *op. cit.*, p. 247-248.

14. Walter Sickert, « The naked and the Nude », dans Anna Gruetzner Robins (dir.), 2000, *op. cit.*, p. 262.

15. Au printemps 1883, Sickert, alors assistant d'atelier et élève de Whistler, convoie jusqu'à Paris la toile de son maître *Arrangement in Grey and Black No. 1* (communément appelée *Portrait de la mère de l'artiste*) qui doit être exposée au Salon. Il apporte des lettres d'introduction pour Édouard Manet (qui est trop malade pour le recevoir, mais a demandé à son frère Eugène de lui montrer sa peinture) et Edgar Degas (qui l'invite dans son atelier, le début d'une amitié de trente ans). Voir Matthew Sturgis, 2005, *op. cit.*, p. 110.

16. Je suis redevable aux essais d'Anna Gruetzner Robins, « The Greatest Artist the World has Ever Known » et « Sickert and the Paris Art World », dans Anna Gruetzner Robins et Richard Thomson, *Degas, Sickert and Toulouse-Lautrec. London and Paris 1870-1910*, cat. exp., Londres, Tate Britain, 5 octobre 2005 – 15 janvier 2006, Washington, The Phillips Collection, 18 février – 14 mai 2006, Londres, Tate Publishing, 2005, p. 51-93, 155-201. Sickert exposa chaque année au Salon d'automne de 1905 à 1909, et eut des expositions personnelles chez ses marchands Durand-Ruel en 1900, puis Bernheim-Jeune en 1904, 1907 et 1909.

17. Sickert, « Idealism », *Art News*, 12 mai 1910, « The Study of Drawing », *The New Age*, 16 juin 1910, « The naked and the Nude », *The New Age*, 21 juillet 1910, dans Anna Gruetzner Robins (dir.), 2000, *op. cit.*, p. 228-230, 247-249, 260-264. Sickert présente *The Camden Town Murder Series*, N°. 1 et *The Camden Town Murder Series*, N°. 2 dans le cadre de la première exposition du Camden Town Group en juin 1911.

18. Pour un résumé utile, voir David Hayes, « A History of Camden Town 1895-1914 », dans Helena Bonett, Ysanne Holt, Jennifer Mundy (dir.), « The Camden Town Group in Context », Tate Research Publication, mai 2012 (https://www.tate.org.uk/art/research-publications/camden-town-group/david-hayes-a-history-of-camden-town-1895-1914-r1104374, consulté le 13 août 2021). Voir également Wendy Baron, « Camden Town Recalled », dans *Camden Town Recalled*, cat. exp., Londres, Fine Art Society, 14 octobre – 12 novembre 1976, p. 2-15.

19. La production industrielle de lits de fer débuta en Angleterre dans les années 1840 et atteignit son apogée entre 1860 et 1890. Un article non signé, « Metallic Bedstead Trade of Birmingham », in *The Furniture Gazette*, vol. 24, novembre 1886, p. 363, indique que le prix d'un lit de fer basique s'élevait à cinq ou six shillings. Les modèles de Sickert devaient au moins bénéficier d'un relatif confort. Alice Michel, le modèle de Degas, se plaignait que le peintre exigeait la tenue de poses difficiles et douloureuses, dans lesquelles « il fallait cambrer le dos ou tendre ses muscles jusqu'au bout des doigts » (cité dans Heather Dawkins, « Frogs, Monkeys and Women. A History of Identifications Across a Phantastic Body », dans Richard Kendall et Griselda Pollock (dir.), *Dealing with Degas. Representations of Women and the Politics of Vision*, Londres, Pandora, 1992, p. 212-213).

20. Virginia Woolf, *Walter Sickert. A Conversation*, Londres, Hogarth Press, 1934, p. 17-18.

21. Louis Vauxcelles, « La vie artistique : exposition Walter Sickert à Félix Fénéon », *Gil Blas*, 12 janvier 1907, p. 2, cité dans Anna Gruetzner Robins et Richard Thomson, 2005, *op. cit.*, p. 178, note 42 p. 215.

22. Hollis Clayson affirme que la prostitution a attiré les « peintres de la vie moderne » masculins parce qu'elle marquait l'intersection de deux visions très répandues de la modernité : le moderne comme « temporaire, instable et éphémère » et la relation sociale moderne comme « toujours davantage figée dans la forme de marchandise » (Hollis Clayson, 1992, *op. cit.*, p. 9).

23. Je remercie les propriétaires de m'avoir donné l'accès à ce tableau, et le Dr Robert Travers d'avoir facilité ma visite.

24. Pour la datation de ce tableau et son identification possible avec *Le Grand Miroir* exposé chez Bernheim-Jeune en 1907 et 1909, voir Wendy Baron, 2006, *op. cit.*, p. 321-322.

25. Sickert voyait « beaucoup » Degas, et Bonnard présenta au Salon d'automne, notamment, *Le Cabinet de toilette*. Sur les nus parisiens, voir Wendy Baron, 2006, *op. cit.*, p. 63, et sur Degas, voir Wendy Baron, 2006, *op. cit.*, notes 1 et 3 p. 67. Anthea Callen affirme qu'un bourgeois n'avait la possibilité de voir une femme se baignant que par l'intermédiaire d'une transaction financière avec une prostituée ou un modèle d'artiste (les épouses se baignaient dans l'intimité). Voir Anthea Callen, « Degas' Bathers. Hygiene and Dirt – Gaze and Touch », dans Richard Kendall et Griselda Pollock (dir.), 1992, *op. cit.*, p. 176-177.

26. Voir Walter Sickert, lettre non datée à Nan Hudson [1907], dans Wendy Baron, 2006, op.cit., p. 70, note 9 p. 78. Son « logement typique du premier étage » est meublé d'un lit de fer, d'une commode, d'un miroir de coiffeuse ovale aux supports courbes, d'une chaise de chevet et d'un ensemble de toilette avec bassine et pot de chambre. Dans *Mornington Crescent Nude, contre-jour*, 1907, des stores à lamelles filtrent la lumière. (Sickert avait une prédilection pour les effets de contre-jour ; en 1902, il acquit pour le compte de son épouse *Femme à la fenêtre*, 1871-1872, de Degas, qui figure la silhouette du modèle.)

27. Voir Wendy Baron, 2006, *op. cit.*, p. 71.

28. Barnaby Wright envisage le torse tronqué, le lit « en forme de cercueil », et discute l'hypothèse de Rebecca Daniels qui suggère que le tableau est lié à la série du meurtre de Camden Town (voir Barnaby Wright, 2007, *op. cit.*, p. 78).

29. T. J. Clark, *The Painting of Modern Life. Paris in the Art of Manet and his followers*, Londres, Thames and Hudson, 1984, p. 133. Peu après l'inauguration du Salon de 1865, l'*Olympia* de Manet a été réaccrochée au-dessus de la ligne des yeux des spectateurs, atténuant ainsi l'impact du regard provocant d'Olympia (voir Charles Bernheimer, « Manet's Olympia. The Figuration of Scandal », *Poetics Today*, vol. 10, n° 2, été 1989, p. 255-277 (p. 257)).

30. Louis Vauxcelles, « Le Salon d'automne. Supplément », *Gil Blas*, 5 octobre 1906, p. 2, dans Anna Gruetzner Robins et Richard Thomson, 2005, *op. cit.*, p. 178.

31. En 1912, face à une accumulation d'opinions critiques, Sickert soutient que « le champ tout entier d'images de "genre" naturelles… attend d'être labouré de nouveau » (Walter Sickert, « The Old Ladies of Etching-Needle Street », *The English Review*, janvier 1912, dans Anna Gruetzner Robins (dir.), 2000, *op. cit.*, p. 288-296 (p. 295)).

32. Wyndham Lewis, « Modern Art », *The New Age*, 2 avril 1914, p. 703. Sa lettre est une réponse spirituelle à l'article de Sickert intitulé « On Swiftness », publié la semaine précédente (26 mars 1914, reproduit dans Anna Gruetzner Robins (dir.), 2000, *op. cit.*, p. 346-349), dans lequel il qualifie les œuvres quasi cubistes de Lewis, Henri Gaudier-Brzeska et Jacob Epstein de « pornométriques » : « On entend beaucoup parler d'art non figuratif. Mais si les visages des personnes suggérées sont souvent réduits à rien, la non-figuration est oubliée lorsqu'il s'agit des organes sexuels. » (p. 347.)

33. Il en existe une variante civile, *The Sick Child*, vers 1915.

34. *The Daily Telegraph*, compte rendu non signé, 11 janvier 1911, p. 12.

35. P. G. Konody, « The Carfax Gallery », *The Observer*, 12 mai 1912, p. 6 (Konody confirme la « sincérité » de Sickert).

36. A. J. Finberg, « Art and Artists. The Camden Town Group and Others », *The Star*, 10 décembre 1912, dans Wendy Baron, 2006, *op. cit.*, p. 375.

37. Claude Phillips, « The Camden Town Group », *The Daily Telegraph*, 17 décembre 1912, p. 14. Pour un choix de comptes rendus des trois expositions du Camden Town Group, voir « The Camden Town Group in Context », Tate Research Publication, mai 2012 (https://www.tate.org.uk/art/research-publications/camden-town-group/reviews-and-articles-r1106679, consulté le 15 août 2021).

38. David Peters Corbett, « "Gross Material Facts": Sexuality, Identity and the City in Walter Sickert, 1905-1910 », *Art History*, vol. 21, n° 1, mars 1998, p. 45-64 (p. 49). En utilisant cette citation pour mon propre raisonnement, je n'ai pas rendu justice à la thèse de Corbett.

39. Wendy Baron fait observer que Sickert « choisissait ses modèles incidemment ; il ne faisait presque jamais appel à des modèles professionnels ». À propos de Blanche, probablement le modèle de *Woman Washing her Hair*, 1906, il disait qu'elle était « la plus mince des minces, comme une petite anguille aux formes délicates, aux cheveux roux ». Voir Wendy Baron, 2006, *op. cit.*, p. 128, 324.

40. Selon Marjorie Lilly, Sickert se trouvait dans une soirée avec George Moore et Max Beerbohm lorsqu'ils en sont venus à discuter du type de femme préféré de Moore : « Ils m'ont demandé celui que je préférais, à quoi j'ai répondu, mon genre personnel de femme mal fagotée. » (voir Marjorie Lilly, *Sickert. The Painter and his Circle*, Londres, Elek, 1971, p. 28.) Marie Hayes, l'ancienne femme de ménage de Sickert, fut le modèle de *Jack Ashore*, avec « Hubby », son homme à tout faire dans l'atelier. En comparant un dessin pour *Jack Ashore* avec d'autres études de Marie, Anna Gruetzner Robins suggère que Sickert a « volontairement agrandi » ses seins (voir Anna Gruetzner Robins, 1996, *op. cit.*, p. 34).

41. Kenneth Clark, 1960, *op. cit.*, p. 87. « À la différence d'un tigre ou d'un paysage de neige, le corps n'est pas l'un de ces sujets qui peuvent atteindre à l'art par une transcription exacte » [Clark, trad. Martine Laroche, 1998, *op. cit.*, t. 1, p. 21-22].

42. Walter Sickert, « Idealism », dans Anna Gruetzner Robins (dir.), 2000, *op. cit.*, p. 228-230 (p. 229). *Le Conseil des dieux* se trouve dans la *Loggia de Psyché*, salle décorée par Raphaël et son atelier dans la villa Farnesina, Rome (1517-1518).*

43. Walter Sickert, « Goosocracy », *The New Age*, 12 mai 1910, dans Anna Gruetzner Robins (dir.), 2000, *op. cit.*, p. 230-232 (p. 230). Dans « The naked and the Nude », il mentionne *la supergoose* [« super-oie »] (dans Anna Gruetzner Robins (dir.), 2000, *op. cit.*, p. 261).

44. Virginia Woolf, 1934, *op. cit.*, p. 18, 20.

45. Walter Sickert, « The Language of Art », *The New Age*, 28 juillet 1910, dans Anna Gruetzner Robins (dir.), 2000, *op. cit.*, p. 264-267 (p. 266).

LES *CONVERSATION PIECES* MODERNES

1. Walter Sickert, « A Monthly Chronicle. Maurice Asselin », *Burlington Magazine*, vol. 28, n° 153, décembre 1915. Le peintre français Maurice Asselin (1882-1947) est le plus proche ami de Sickert durant les deux premières années de la guerre. Ils partagent pendant quelque temps l'atelier de Sickert à Red Lion Square, et Asselin est invité aux expositions informelles « At Homes » du samedi, au 8 Fitzroy Street. Sickert peint deux portraits d'Asselin (voir Wendy Baron, *Sickert. Paintings and Drawings*, New Haven et Londres, Yale University Press, 2006, p. 429, cat. 453 et 453.1).*

2. Identifié par Anna Gruetzner Robins comme étant *The Strode Family* (vers 1738, Tate Britain, Londres), dans Anna Gruetzner Robins (dir.), *Walter Sickert. The Complete Writings on Art*, Oxford, New York, Oxford University Press, 2000, p. 396.

3. Je n'ai pas localisé le tableau d'Asselin, *La Robe grise*.

4. En 1905, Degas laisse le tableau en dépôt-vente chez Durand-Ruel, à Paris.

5. La nuit de noce, dans *Thérèse Raquin* d'Émile Zola, est la suggestion la plus fréquente.

6. Voir Susan Sidlauskas, « Resisting Narrative: The Problem of Edgar Degas's *Interior* », *The Art Bulletin*, vol. 75, n° 4, décembre 1993, p. 671-696 (note 36 p. 679).

7. On ignore si Walter Sickert a vu le tableau de Bonnard avant 1908, date de la vente d'une partie de la collection de son premier propriétaire, Thadée Natanson.

8. C'est grâce à l'influence de ce peintre français (1861-1942) que Sickert reçoit la promesse de sa première exposition monographique chez Bernheim-Jeune.

9. André Gide (1869-1951) est lauréat du prix Nobel de littérature en 1947.

10. Homme de lettres français, critique d'art, collectionneur et journaliste (1853-1945).

11. Dans un entretien avec Stanley Smith diffusé par la BBC le 18 août 1960, Jeanne Daurmont évoque la rencontre survenue peu après que sa sœur et elle sont arrivées en Angleterre. Elle affirme avoir été modiste et sa sœur femme de ménage. Les tableaux de Sickert suggèrent un train de vie moins distingué.

12. C'est sous ce titre que le tableau est exposé chez Bernheim-Jeune en janvier 1907, puis au Salon de la galerie Goupil de Londres au printemps 1922.

13. Voir Wendy Baron, 2006, *op. cit.*, cat. 264.2 p. 316 – un dessin esquissé pour montrer à Mme Swinton, son amie, les peintures qu'il a exécutées pendant la semaine de Pâques de l'année 1906.

14. Woolf a composé *Walter Sickert. A Conversation* (Londres, L. & V. Woolf, 1934) comme une discussion de dîner sur l'exposition de Sickert de 1933 chez Agnews.

15. *Ibidem*, p. 16.

16. Voir *The P. S. Wings in the O. P. Mirror* (cat. 36).

17. Voir *Little Dot Hetherington at the Bedford Music Hall* (cat. 40).

18. Walter Sickert, lettre à Ethel Sands et Nan Hudson, 1908 (TGA 9125/5/36, fautivement datée, dans les archives de la Tate, d'août-septembre 1911).

19. Rex Nan Kivell est nommé directeur général de la Redfern Gallery en 1931. Sous sa direction, la galerie, dans les années 1930, expose de nombreuses œuvres de Sickert, y compris ses premiers tableaux.

20. Rebecca Daniels a examiné la ressemblance de Wood, en se basant sur les portraits publiés dans les comptes rendus du procès, avec l'homme figuré dans les tableaux de Sickert, dans « Walter Sickert and Urban Realism. Ordinary Life and Tragedy in Camden Town », *The British Art Journal*, vol. III, n° 2, printemps 2002, p. 58-69.

21. *The Observer*, 18 juin 1911.*

22. Walter Sickert, « A Critical Calendar », *The English Review*, mars 1912. Robert Smythe Hichens (1864-1950) fut un romancier contemporain du peintre, prolifique et populaire.

23. Cette exposition de dessins de Sickert eut lieu à la Carfax Gallery en janvier 1911.

24. [*Nous restons ensemble*].

25. Le titre d'origine, *Summer in Naples*, était peut-être une allusion malicieuse de Sickert à *L'Après-midi à Naples* de Paul Cézanne. Pour une présentation plus complète de cette hypothèse formulée pour la première fois par Matthew Sturgis, voir Wendy Baron, 2006, *op. cit.*, p. 375.

26. Le tableau fut acheté par Félix Fénéon pour le compte de Paul Signac, lors de la vente Sickert organisée par Bernheim-Jeune en juin 1909.

27. « Wellington House Academy » en souvenir de l'école du même nom, que fréquenta Charles Dickens et qui se trouvait autrefois à cette adresse.

28. Le buste du boxeur Tom Sayers figure également dans l'autoportrait de Sickert (cat. 5).

29. La mère de Degas, Célestine Musson, était une créole de La Nouvelle-Orléans.

30. Le titre est tiré de Térence, *L'Andrienne*, acte III, scène 3 : « *Amantium Irae amoris integratio est* » [les querelles d'amoureux font partie de l'amour].

31. Voir le catalogue de l'exposition « Studies and Etchings by Walter Sickert », Carfax Gallery, mars 1913.

32. *The Daily Telegraph*, 29 octobre 1915.*

33. Walter Sickert, « The Language of Art », *The New Age*, 28 juillet 1910.

LES DERNIÈRES ANNÉES ET LES *ECHOES*

1. Le présent essai s'appuie notamment sur les travaux de recherche de Wendy Baron, Anna Gruetzner Robins, Richard Shone, David Peters Corbett, Rebecca Daniels et Merlin Seller, ainsi que sur l'article de Sam Rose « "With an almost pathetic fatality doing what is right": Late Sickert and his Critics » (*Art History*, vol. 37, n° 1, février 2014, p. 126-147).

2. Quentin Bell, « Some Memories of Sickert », *The Burlington Magazine*, vol. 129, n° 1009, avril 1987, p. 226-231.

3. Voir Roger Fry, « Samples of Modern British Art », *The New Statesman and Nation*, 21 novembre 1931, p. 641 ; Roger Fry, « Walter Sickert A.R.A. », *The New Statesman*, 17 janvier 1925, p. 417.

4. *Manchester City News*, 22 novembre 1924, cité et commenté dans Sam Rose, 2014, *op. cit.*, p. 134.

5. Richard Shone, *Walter Sickert*, Oxford, Phaidon, 1988, p. 102 ; Malcolm Easton (dir.), *Sickert in the North*, The Middleton Hall University of Hull, 1968, p. III.

6. Pour cette citation et d'autres éloges contemporains, voir David Peters Corbett, *Walter Sickert*, Londres, Tate Gallery Publications, 2001, p. 71.

7. Walter Sickert cité dans Quentin Bell, 1987, *op. cit.*, p. 231.*

8. Note figurant dans l'exemplaire que possédait Sickert de l'ouvrage d'Arthur Fish *John Everett Millais* (Londres, Cassell & Co, 1924), Courtauld Institute of Art, Book Library, Sickert Collection, cité et commenté dans Sam Rose, 2014, *op. cit.*, p. 135.

9. Walter Sickert cité dans Wendy Baron, *Sickert. Paintings and Drawings*, New Haven et Londres, Yale University Press, 2006, p. 118.*

10. Voir *Ibidem*, p. 98.

11. Walter Sickert cité dans Osbert Sitwell (éd.), *A Free House! Or The Artist as Craftsman. Being the Writings of Walter Richard Sickert*, Londres, Macmillan & Co, 1947, p. LIII.*

À L'IMITATION DE SICKERT : AUERBACH, BACON, FREUD

1. Le présent essai s'appuie sur les textes suivants de l'auteur : « "Mainly Nourishment": Echoes of Sickert in the Work of Francis Bacon and Lucian Freud », *Visual Culture in Britain*, vol. 14, n° 1, 2013, p. 87-100 ; « After Camden Town: Sickert's Legacy since 1930 », dans Helena Bonett, Ysanne Holt, Jennifer Mundy (dir.), *The Camden Town Group in Context*, Tate Research Publication, mai 2012 (https://www.tate.org.uk/art/research-publications/camden-town-group/martin-hammer-after-camden-town-sickerts-legacy-since-1930-r1104349, consulté le 16 août 2021). Ce site Internet comporte également une liste fort utile des expositions de Sickert : « Walter Richard Sickert, Bibliography » (https://www.tate.org.uk/art/research-publications/camden-town-group/walter-richard-sickert-bibliography-r1104380).

2. Osbert Sitwell (éd.), *A Free House! Or The Artist as Craftsman. Being the Writings of Walter Richard Sickert*, Londres, Macmillan & Co, 1947.

3. Nikos Stangos (éd.), *David Hockney by David Hockney*, Londres, Thames and Hudson, 1976, p. 34.

4. Andrew Forge, « Helen Lessore and the Beaux Arts Gallery », dans *Helen Lessore and the Beaux Arts Gallery*, cat. exp., Londres, Marlborough Fine Art, 1968, p. 6.

5. Voir Helen Lessore, *A Partial Testament. Essays on Some Moderns in the Great Tradition*, Londres, Tate Gallery, 1986.

6. Robert Hughes, *Frank Auerbach*, Londres, Thames and Hudson, 1989, p. 87-88.*

7. Voir Martin Hammer, « Found in Translation. Chaim Soutine and English Art », *Modernist Cultures*, vol. 5, n° 2, novembre 2010, p. 230.

8. Walter Sickert, « The naked and the Nude » (1910), dans Osbert Sitwell, 1947, *op. cit.*, p. 324.*

9. Leon Kossoff cité dans James Hyman, *The Battle for Realism. Figurative Art in Britain during the Cold War, 1945–1960*, New Haven et Londres, Yale University Press, 2001, note 138 p. 224.

10. Voir Rebecca Daniels, « *Francis Bacon* and Walter Sickert. "Images which unlock other images" », in Martin Harrison (dir.), Francis Bacon. New Studies, Göttingen, Steidl, 2009, p. 84.
11. *Ibidem*, p. 63-65.
12. *Ibid*., p. 82.
13. Voir *Contemporary British Paintings 1953. The Redfern Gallery Coronation Exhibition*, cat. exp., Londres, Redfern Gallery, 1953, nᵒˢ 48 et 49.
14. Voir Rebecca Daniels, 2009, *op. cit.*, p. 82-85.
15. Voir Barnaby Wright (dir.), *Walter Sickert. The Camden Town Nudes*, Londres, Paul Holberton Publishing, 2007.
16. Walter Sickert, « The naked and the Nude » (1910), 1947, *op. cit.*, p. 324.
17. Évoqué dans Martin Hammer, *Francis Bacon and Nazi Propaganda*, Londres, Tate Publishing, 2012, p. 207.
18. Pour ce récit d'exposition et quelques autres, voir le catalogue raisonné dans Wendy Baron, *Sickert. Paintings and Drawings*, New Haven et Londres, Yale University Press, 2006.
19. Courriel de Catherine Lampert à l'auteur, 25 août 2012.
20. Cité dans Sebastian Smee, *Lucian Freud*, Cologne, Londres, Taschen, 2007, p. 4.
21. Voir Wendy Baron, 2006, *op. cit.*, cat. 344.
22. Walter Sickert, « Risi-Bisi » (1912), dans Osbert Sitwell, 1947, p. 176.

« ARRÊTE-MOI SI TU PEUX » : SICKERT ET JACK L'ÉVENTREUR

1. Pour un récit empli de compassion évoquant la vie de ces femmes, voir Hallie Rubenhold, *The Five. The Untold Lives of the Women Killed by Jack the Ripper*, Londres, Doubleday, 2019.
2. La lettre datée du 25 septembre 1888 (National Archives, MEPO 3/142ff.2) a longtemps été considérée comme la première signée « Jack the Ripper ». Toutefois, une autre datée du 17 septembre 1888 (National Archives, MEPO 3/142ff.27), qui porte également cette signature, a été découverte dans les années 1980, après avoir été incorrectement classée.
3. La lettre portant la salutation « Dear Boss » (datée du 25 septembre 1888) et la carte postale (oblitérée le 1ᵉʳ octobre 1888), toutes deux signées « Jack the Ripper », furent adressées à l'agence de presse Central News Agency. La carte postale a disparu, mais son fac-similé est reproduit dans Stewart P. Evans et Keith Skinner, *Jack the Ripper. Letters from Hell*, Cheltenham, The History Press, 2001, p. 30.
4. Voir, par exemple, « Jack the Ripper – Facsimile of the Blood Smeared Postcard and Letter », *The Evening News*, 4 octobre 1888, p. 4.
5. Les ouvrages suivants établissent tous un lien entre Sickert et les crimes de Jack l'Éventreur : Stephen Knight, *Jack the Ripper. The Final Solution*, Londres et New York, Harrap, 1976 ; Jean Overton Fuller, Sickert and the Ripper Crimes, Oxford, Mandrake, 1990 ; Patricia Cornwell, *Jack l'Éventreur, affaire classée. Portrait d'un tueur*, trad. Jean Esch, Paris, Éditions des deux-terres, 2003 ; Patricia Cornwell, *Ripper. The Secret Life of Walter Sickert*, Seattle, Thomas & Mercer, 2017.
6. Robert Emmons, *The Life and Opinions of Walter Richard Sickert*, Londres, Faber and Faber limited, 1941, p. 49. Matthew Sturgis cite cet incident sans donner de référence et qualifie les jeunes femmes de « grues » (voir Matthew Sturgis, *Walter Sickert. A Life*, Londres, Harper Collins, 2005, p. 160).
7. Max Beerbohm cité dans Richard Shone, *From Beardsley to Beaverbrook. Portraits by Walter Richard Sickert*, Bath, Victoria Art Gallery, 1990, p. 14. Shone date le carnet « aux environs de 1896 », mais cette date est trop précoce, car sur la même page de ce carnet non daté (aujourd'hui conservé à la New York Public Library), Beerbohm fait référence à la mort d'Oscar Wilde, décédé en 1900. D'autre part, David Cecil semble suggérer une date avoisinant 1900 (voir David Cecil, *Max. A Biography*, Londres, Constable, 1964, p. 204). Il est probable que la conversation se soit déroulée au cours de l'été 1901, époque à laquelle Beerbohm et Sickert se sont rencontrés à Dieppe.
8. André Dunoyer de Segonzac, lettre à Denys Sutton, 16 novembre 1968 (Sutton 4669, Box 37, Université de Glasgow).
9. Voir Matthew Sturgis, 2005, *op. cit.*, p. 535. Dans cet ouvrage, l'auteur suggère que Segonzac a confondu l'adresse de Whitechapel avec celle de Mornington Crescent. Cependant, trois personnes qui connaissaient Sickert ont affirmé qu'il avait été propriétaire d'une maison dans l'East End, ou qu'il y avait résidé. Sturgis cite Ethel Sands et Marjorie Lilly, qui se souvenaient que Sickert avait traversé « une passe difficile dans un endroit louche d'Aldersgate », et un entrepreneur en bâtiment qui avait travaillé sur une maison située « dans ou à proximité de Petticoat Lane » (note 43 p. 737).
10. Walter Sickert cité dans Osbert Sitwell (éd.), *A Free House! Or The Artist as Craftsman. Being the Writings of Walter Richard Sickert*, Londres, Macmillan & Co, 1947, p. XL.
11. Keith Baynes, lettre à Denys Sutton (Sutton Papers, Université de Glasgow).
12. Marjorie Lilly, entretien avec John Woodeson (British Library, c1723/48).
13. Voir Marjorie Lilly, *Sickert. The Painter and his Circle*, Londres, Elek, 1971, p. 17.
14. Voir *Ibidem*, p. 19.
15. Plus de trois cents lettres de confession datant de septembre 1888 à octobre 1896 sont conservées. Si quelques-unes furent adressées à la presse, la plupart ont été envoyées à Scotland Yard ou à des commissariats de police de quartier. Pour un certain nombre d'entre elles, les enveloppes manquent.
16. http://www.fondazionefedrigoni.it/en/567/paper_industry_gold_medal_2018_peter_bower
17. Voir Peter Bower, *Turner's Later Papers*, Londres, Tate Gallery Publishing, 1999, p. 50.
18. *Ibid*., p. 109.
19. Les lettres dont l'adresse d'expéditeur est celle de la mère de Sickert – 12 Pembroke Gardens, Londres – sont les suivantes : Walter Sickert à Mlle Case, s. d. mais probablement de 1890 (British Library, Add.50956 f.109), et deux lettres non datées de Sickert à D. C. Thomson (David Croal Thomson Papers, Getty Research Institute Library). Les deux dernières peuvent être datées de juin 1890 car elles évoquent la publication de l'ouvrage de Thomson, *The Barbizon School of Painters. Corot, Rousseau, Diaz, Millet, Daubigny, etc.* (Londres, Chapman and Hall, juin 1890), pour lequel Sickert a réalisé une eau-forte (Thomson dirigeait la succursale londonienne de la galerie Goupil & Cⁱᵉ).
20. La lettre fut réceptionnée par la police de la City de Londres le 4 octobre 1888 (London Metropolitan Archives, CLA/048/CS/02/380).
21. L'autre lettre de l'Éventreur porte un cachet de la poste daté du 31 octobre 1888 (National Archives, MEPO 3/142ff.508-9).
22. Peter Bower cité dans Patricia Cornwell, 2017, *op. cit.*, p. 249 ; l'auteur présente en détail les conclusions de Bower (voir p. 247-253).
23. London Metropolitan Archives, CLA/048/CS/02/367.
24. Walter Sickert, lettre à William Rothenstein, s. d. (Rothenstein Papers, Houghton Library, Université de Harvard, Ms Eng 1148(1367)/38). L'adresse – « 127 Cheyne Walk », une petite chambre au bout d'une rue misérable, que Sickert utilisa comme atelier à partir de la fin de 1893 – est écrite au-dessus de l'adresse imprimée des 10 Glebe Studios, où Sickert disposait d'un atelier d'enseignement à l'automne 1890. Le dessin et les calculs griffonnés sur la lettre ont probablement été ajoutés à une date antérieure.
25. La première lettre est datée du 22 juillet 1889, et la seconde a été reçue le 23 septembre 1889 (National Archives, MEPO 3/142/337 et MEPO 3/142/393).
26. Par exemple, pour contester les conclusions de Bower, Matthew Sturgis, dans son ouvrage *Walter Sickert. A Life* (*op. cit.*, p. 640), cite l'autorité de l'entreprise « Documentary Evidence Ltd » qui ne semble toutefois pas être une société enregistrée (voir https://find-and-update.company-information.service.gov.uk).
27. Lettre datée du 29 novembre 1889 (Archives nationales, MEPO 3/142ff.433). Le service de restauration de la Tate a reçu l'autorisation d'en prélever un fragment pour analyse.
28. Lettre datée du 12 novembre 1888 (National Archives, MEPO 3/142/175). La gravure sur bois est annotée « 10 de plus et jette l'éponge » et « c'est ma photo de Jack l'Éventreur ».
29. Anne Driesse, restauratrice aux Harvard Art Museums, a procédé à un examen plus approfondi de ces documents (voir Patricia Cornwell, 2017, *op. cit.*, p. 239-241).
30. La lettre est datée du 17 octobre 1889, mais non signée ; elle est citée et reproduite dans Stewart P. Evans et Keith Skinner, 2001, *op. cit.*, p. 286-287.
31. Lettre portant un cachet de la poste daté du 19 novembre 1888 (National Archives, MEPO 3/142/76).
32. Voir, par exemple, « A Strange Story », *The St. James's Gazette*, 14 novembre 1888.
33. La lettre, rédigée au crayon violet, est datée du 22 juillet 1889 (National Archives, MEPO 3/142/337). Voir également note 22.
34. Pour une étude de plusieurs cas de personnes ayant avoué des crimes qu'elles n'avaient pas commis, voir Peter Brooks, *Troubling Confessions. Speaking Guilt in Law and Literature*, Chicago et Londres, University of Chicago Press, 2000.

* Traduction française reprise de Delphine Lévy, *Sickert. La provocation et l'énigme*, Paris, Cohen & Cohen, 2021.

ŒUVRES EXPOSÉES

Sauf mention contraire, toutes les œuvres sont de Walter Richard Sickert (1860-1942).

UNE PERSONNALITÉ ÉNIGMATIQUE

Self-Portrait, 1882
Plume et encre sur papier
17,1 × 10,8 cm
Islington Local History Centre, Londres

Self-Portrait, c. 1896
Huile sur toile
45,7 × 35,6 cm
Leeds Museums and Galleries. Don de Miss Helen M. Heath, 1942

Self-Portrait. The Painter in his Studio, 1907
Huile sur toile
50,8 × 61 cm
Art Gallery of Hamilton, Ontario

Self-Portrait. Juvenile Lead, 1907
Huile sur toile
51 × 45,8 cm
Southampton City Art Gallery

Self-Portrait: The Bust of Tom Sayers, 1913
Huile sur toile
61 × 50,3 cm
The Ashmolean Museum, Université d'Oxford. Offert par Christopher Sands Trust, 2001

Self-Portrait. Lazarus Breaks his Fast, c. 1927
Huile sur toile
76,2 × 63,5 cm
Collection particulière

The Servant of Abraham, 1929
Huile sur toile
61 × 50,8 cm
Tate, Londres. Offert par les Amis de la Tate Gallery, 1959

The Front at Hove (Turpe Senex Miles Turpe Senilis Amor), 1930
Huile sur toile
63,5 × 76,2 cm
Tate, Londres. Achat 1932

Self-Portrait in Grisaille, 1935
Huile sur toile
68,5 × 25,4 cm
National Portrait Gallery, Londres. Don de Sir Alec Martin par le biais du Art Fund, 1943

Reading in the Cabin, 1940
Huile sur toile
44 × 80 cm
Corsham Court Collection
Exposé uniquement à la Tate

LES ANNÉES D'APPRENTISSAGE, DE WHISTLER À DEGAS

White Violets, c. 1884
Huile sur panneau
22,9 × 14,6 cm
The Courtauld, Londres (Samuel Courtauld Trust)

Venice, The Little Lagoon, after Whistler, c. 1884
Pointe-sèche, encre au noir de carbone sur papier
10,1 × 6,9 cm
The Syndics of the Fitzwilliam Museum, Université de Cambridge

Six Pence Three Farthings, 1884
Eau-forte, encre brune sur papier
9,9 × 13,8 cm
The Syndics of the Fitzwilliam Museum, Université de Cambridge

The Acting Manager, 1884
Eau-forte, encre noire-brune sur papier vélin
23,6 × 23,3 cm (cuvette),
33 × 32,6 cm (feuille)
The Ashmolean Museum, Université d'Oxford. Achat 1963

James Abbott McNeill Whistler (1834-1903)
A Shop, 1884-1890
Huile sur bois
13,9 × 23,3 cm
The Hunterian, Université de Glasgow

The Burning of the Japanese Exhibition, 1885
Eau-forte, encre au noir de carbone sur papier
33,1 × 23,2 cm
The Syndics of the Fitzwilliam Museum, Université de Cambridge

The Butcher's Shop, Dieppe, 1885
Huile sur panneau
36 × 48,5 cm
York Museums Trust (York Art Gallery). Offert par le Révérend Milner-White, doyen de York, 1951

Shop Front, The Laundry, 1885
Crayon graphite, plume et encre sur papier
18,4 × 26 cm
Islington Local History Centre, Londres

The Laundry Shop, 1885
Huile sur panneau
38,8 × 24,8 cm
Leeds Museums and Galleries. Achat 1937

La Saison des bains, Dieppe, 1885
Huile sur panneau
31,8 × 23,2 cm
Brooklyn Museum. Don de Ferdinand

Gottschalk, 18.37
The End of the Act ou The Acting Manager, c. 1885-1886
Huile sur toile
61 × 50,8 cm
Collection particulière

A Shop in Dieppe, 1885-1889
Huile sur toile
35 × 26,7 cm
The Hunterian, Université de Glasgow

Seascape, c. 1887
Huile sur bois
23,7 × 14,3 cm
National Galleries of Scotland. Legs des Dr Dorothea Walpole et M. R. H. Walpole, 1963

The Red Shop (ou *The October Sun*), c. 1888
Huile sur panneau
26,7 × 35,6 cm
Norfolk Museums Service (Norwich Castle Museum & Art Gallery). Legs de H. B. Broadbent, 1949

James Abbott McNeill Whistler (1834-1903)
The Bathing Posts, Brittany, 1893
Huile sur bois
16,6 × 24,3 cm
The Hunterian, Université de Glasgow

James Abbott McNeill Whistler (1834-1903)
Sketch Portrait of Walter Sickert, 1894-1895
Huile sur toile
45,8 × 35,6 cm
Hugh Lane Gallery, Dublin

James Abbott McNeill Whistler (1834-1903)
The Priest's Lodging, Dieppe, 1897
Huile sur bois
16,5 × 24,3 cm
The Hunterian, Université de Glasgow

James Abbott McNeill Whistler (1834-1903)
Shop Front: Dieppe, 1897-1899
Plume et encre brune, pierre noire, aquarelle et gouache sur papier brun contrecollé sur carton
27,4 × 17,8 cm
The Hunterian, Université de Glasgow

James Abbott McNeill Whistler (1834-1903)
A Shop with a Balcony, 1897-1899
Huile sur bois
22,3 × 13,7 cm
The Hunterian, Université de Glasgow

MUSIC-HALL : LES ARTIFICES DE LA SCÈNE

Edgar Degas (1834-1917)
Le Ballet de « Robert Le Diable », 1876
Huile sur toile
76,6 × 81,3 cm
Victoria and Albert Museum, Londres.
Legs Constantine Alexander Ionides
Exposé uniquement à la Tate

Bonnet et Claque. Ada Lundberg at the Marylebone Music Hall, c. 1887
Huile sur toile
41,9 × 59,7 cm
Collection particulière

Sam Collins's Music Hall, Islington Green, 1888
Crayon graphite, plume et encre, aquarelle sur papier
12,5 × 10 cm
Lord and Lady Irvine of Lairg

Music Hall Gallery with Figures, c. 1888
Crayon graphite sur papier
20,5 × 12,7 cm
National Museums Liverpool, Walker Art Gallery

Figures in an Auditorium, c. 1888
Crayon graphite sur papier ligné
8,6 × 11,9 cm
National Museums Liverpool, Walker Art Gallery

Audience with Woman in Hat Seen from the Back, c. 1888
Crayon graphite sur papier
8,6 × 11,9 cm
National Museums Liverpool, Walker Art Gallery

The P. S. Wings in the O. P. Mirror, c. 1888-1889
Huile sur toile
62,2 × 52 cm
Musée des Beaux-Arts, Rouen

Little Dot Hetherington at the Bedford Music Hall, c. 1888-1889
Huile sur toile
61 × 61 cm
Collection particulière

The Sisters Lloyd, c. 1889
Huile sur toile
63,5 × 76,5 cm
Government Art Collection. Achat aux Leicester Galleries, décembre 1958

The Pit at the Old Bedford, c. 1889
Huile sur toile
20,3 × 25,4 cm
Fondation Bemberg, Toulouse

Vesta Victoria at the Old Bedford, c. 1890
Huile sur toile
36,8 × 24,1 cm
Famille Burrows

Minnie Cunningham at the Old Bedford, 1892
Huile sur toile
76,5 × 63,8 cm
Tate, Londres. Achat 1976

Gallery of the Old Bedford, c. 1894-1895
Huile sur toile
76,2 × 60,4 cm
National Museums Liverpool, Walker Art Gallery

Gallery of the Old Mogul, 1906
Huile sur toile
63,5 × 67 cm
Collection particulière

Noctes Ambrosianae, 1906
Huile sur toile
63,5 × 76,2 cm
Nottingham City Museums & Galleries

Théâtre de Montmartre, c. 1906
Huile sur toile
50,8 × 61,6 cm
King's College, Université de Cambridge

L'Eldorado, c. 1906
Huile sur toile
49 × 59 cm
The Henry Barber Trust, the Barber Institute of Fine Arts, Université de Birmingham

Gaîté Montparnasse, dernière galerie de gauche, 1907
Huile sur toile
61 × 50 cm
The Ashmolean Museum, Université d'Oxford. Offert par le Christopher Sands Trust, 2001

Gaîté Montparnasse, c. 1907
Huile sur toile
61,2 × 50,8 cm
The Museum of Modern Art, New York.
Fonds M. et Mme Allan D. Emil, 1958

Figures in a Box, Gaîté Montparnasse, c. 1907
Pierre noire, plume et encre, rehauts de craie blanche sur papier mis au carreau
30,5 × 24,8 cm
National Museums Liverpool, Walker Art Gallery

The New Bedford, 1907-1909
Huile et tempera sur toile
182,9 × 72,4 cm
Leeds Museums and Galleries.
Achat 1937

Man Seated with a Woman Alongside, c. 1913-1914
Pierre noire, plume et encre, rehauts de craie blanche sur papier
38,1 × 28 cm
National Museums Liverpool, Walker Art Gallery

Brighton Pierrots, 1915
Huile sur toile
63,6 × 76,8 cm
Tate, Londres. Achat 1996, avec l'aide du Art Fund et des Amis de la Tate Gallery

Drawing of a theatre/music hall audience [*Vernet's café-concert, Dieppe*], c. 1919-1920
Plume et encre sur papier
30,3 × 20,3 cm
Tate, Londres. Offert par Mrs Andrina Tritton, décembre 1981

Drawing of a man in top hat and coat tails on stage [*Vernet's café-concert, Dieppe*], c. 1919-1920
Crayon graphite sur papier
35 × 22,9 cm
Tate, Londres. Offert par Mrs Andrina Tritton, décembre 1981

Drawing of a ballerina pirouetting, c. 1919-1920
Crayon graphite sur papier
37 × 23,5 cm
Tate, Londres.Offert par Mrs Andrina Tritton, décembre 1981

Drawing of a man in hat and jacket on stage [*Vernet's café-concert, Dieppe*], c. 1919–1920
Crayon graphite sur papier
38 × 25,5 cm
Tate, Londres. Offert par Mrs Andrina Tritton, décembre 1981

The Trapeze, 1920
Huile sur toile
63,5 × 80,6 cm
The Syndics of the Fitzwilliam Museum, Université de Cambridge

String Players in a Women's Orchestra, c. 1922-1923
Crayon graphite sur papier
25 × 18,7 cm
National Museums Liverpool, Walker Art Gallery

Brass and Wind Instrumentalists, c. 1922-1923
Crayon graphite, plume et encre sur papier
38 × 18,7 cm
National Museums Liverpool, Walker Art Gallery

Eugene Goosens Conducting, c. 1923-1924
Huile sur toile
40,7 × 66 cm
Daniel Katz Ltd, Londres

Vernet's, Dieppe, 1925
Huile sur toile
61 × 50,8 cm
The Syndics of the Fitzwilliam Museum, Université de Cambridge

Studies of Dancing Couples, n. d.
Crayon graphite sur papier
38,1 × 27,6 cm
National Museums Liverpool, Walker Art Gallery

PEINDRE L'ÂME

Blackbird of Paradise, c. 1892
Huile sur toile
66,4 × 48,3 cm
Leeds Museums and Galleries. Achat 1945

Aubrey Beardsley, 1894
Tempera sur toile
76,2 × 33,1 cm
Tate, Londres. Achat 1932, avec l'aide du Art Fund

Israel Zangwill, c. 1896-1898
Huile sur toile montée sur panneau
61 × 50,8 cm
National Galleries of Scotland, Londres.
Achat 1959

Le Châle vénitien, 1903-1904
Huile sur toile
45,7 × 38,1 cm
Ivor Braka

La Giuseppina against a Map of Venice, c. 1903-1904
Huile sur toile
50,8 × 40,6 cm
M. et Mme Michael Hughes

Mrs Swinton, 1906
Huile sur toile
76,2 × 63,5 cm
The Syndics of the Fitzwilliam Museum, Université de Cambridge

Jeanne. The Cigarette, 1906
Huile sur toile
50,8 × 40,6 cm
Prêt du Metropolitan Museum of Art, New York. Legs de Mary Cushing Fosburgh, 1978 (1979.135.17)

L'Américaine, 1908
Huile sur toile
50,8 × 40,6 cm
Tate, Londres. Legs de Lady Henry Cavendish-Bentinck, 1940
Exposé uniquement au Petit Palais

The New Home, 1908
Huile sur toile
50,8 × 40,6 cm
Ivor Braka
Exposé uniquement à la Tate

Jacques-Émile Blanche, c. 1910
Huile sur toile
61 × 50,8 cm
Tate, Londres. Achat 1938

Harold Gilman, c. 1912
Huile sur toile
61 × 45,7 cm
Tate, Londres. Offert par les Trustees
of the Chantrey Bequest, 1957

Victor Lecourt, 1921-1924
Huile sur toile
81,3 × 60,5 cm
Manchester Art Gallery. Legs George
Beatson Blair, 1941

Cicely Hey, 1923
Huile sur toile
75,8 × 35,5 cm
The Whitworth, Université de Manchester

PAYSAGES. DIEPPE, VENISE, LONDRES ET PARIS

The Theatre of the Young Artists, 1890
Huile sur toile
52 × 65 cm
The Atkinson, Southport

L'Hôtel Royal, Dieppe, c. 1894
Huile sur toile
50,2 × 61 cm
Sheffield Museums Trust

The Façade of St Mark's. Red Sky at Night,
c. 1895-1896
Huile sur toile
45,4 × 61 cm
Southampton City Art Gallery

St Mark's, Venice, 1896-1897
Huile sur toile
100,5 × 151 cm
Courtesy British Council Collection

Santa Maria del Carmelo, c. 1895-1896
Huile sur toile
38,5 × 45,5 cm
The Ashmolean Museum, Université
d'Oxford. Offert par le Christopher Sands
Trust, 2001

The Lion of St Mark, c. 1895-1896
Huile sur toile
90,2 × 89,8 cm
The Syndics of the Fitzwilliam Museum,
Université de Cambridge

St Mark's, Venice (Pax Tibi Marce Evangelista Meus), 1896
Huile sur toile
90,8 × 120 cm
Tate, Londres. Legs du General Sir Ian
Hamilton GCB, GCMG, DSO, 1949

Les Arcades et la Darse, c. 1898
Huile sur toile
50,8 × 67 cm
Fondation Bemberg, Toulouse

The Façade of St Jacques, 1899-1900
Huile sur toile
53,8 × 45,3 cm
The Whitworth,
Université de Manchester

The Façade of St Jacques, 1899-1900
Huile sur toile
41,2 × 33,2 cm
Musée des Beaux-Arts, Rouen

Saint-Marc, 1901
Huile sur toile
100 x 85,5 cm
Collection particulière
Exposé uniquement au Petit Palais

The Horses of St Mark's, 1901-1906
Huile sur toile
54,6 × 45,7 cm
Bristol Culture: Bristol Museums & Art
Gallery

The Façade of St Jacques, 1902
Huile sur toile
130,8 × 105 cm
Collection particulière

Le Grand Duquesne, 1902
Huile sur toile
131,6 × 104,8 cm
Manchester Art Gallery

Bathers, Dieppe, c. 1902
Huile sur toile
131,5 × 104,6 cm
National Museums Liverpool, Walker Art
Gallery

The Façade of St Jacques, 1902-1903
Crayon graphite et huile sur toile
61 × 51 cm
Collection particulière

The Fair at Night, c. 1902-1903
Huile sur toile
129,5 × 97,2 cm
Touchstones Rochdale Art Gallery,
Link4Life. Achat sur les arrérages
du legs Ogden, 1942

The Façade of St Jacques, 1907
Huile sur toile
66,5 × 54,3 cm
Pallant House Gallery, Chichester
(prêt d'une collection particulière, 1995)

Rue Notre-Dame-des-Champs, Paris. Entrance to Sargent's Studio, 1907
Huile sur toile
61,2 × 50,8 cm
The Ashmolean Museum, Université
d'Oxford. Offert par le Christopher Sands
Trust, 2001

Rowlandson House – Sunset,
1910-1911
Huile sur toile
61 × 50,2 cm
Tate, Londres. Legs de Lady Henry
Cavendish-Bentinck, 1940

Celebrations, Dieppe, 1914
Huile sur toile
90 × 63,5 cm
Collection particulière. Courtesy Piano
Nobile, Londres

Café des Arcades (ou *Café suisse*),
c. 1914
Huile sur toile
54,6 × 38,1 cm
Leeds Museums and Galleries.
Achat 1942

Queens Road Station, Bayswater,
1915-1916
Huile sur toile
62,3 × 73 cm
The Courtauld, Londres
(Samuel Courtauld Trust)

Maple Street, 1916
Huile sur toile
76,8 × 51,1 cm
Prêt du Metropolitan Museum of Art,
New York. Don d'Emma Swan Hall, 1998
(1998.451.2)

Nuit d'amour, c. 1920
Huile sur toile
90,2 × 69,8 cm
Manchester Art Gallery. Achat grâce à
une subvention du Heritage Lottery Fund
et avec l'aide du National Art Collections
Fund et des Friends and Patrons and
Associates of Manchester Art Galleries

The Garden of Love ou Lainey's Garden,
c. 1927-1928
Huile sur toile
81,9 × 61,6 cm
The Syndics of the Fitzwilliam Museum,
Université de Cambridge

Easter, c. 1928
Huile sur toile
66,1 × 77,2 cm
Courtesy Board of Trustees of National
Museums NI

LE NU MODERNE

Edgar Degas (1834-1917)
Après le bain, femme nue couchée,
1885-1890
Pastel sur papier monté sur carton
par l'artiste
49 × 88 cm
Collection David et Ezra Nahmad

Pierre Bonnard (1867-1947)
Femme assoupie sur un lit, 1899
Huile sur toile
96,4 × 105,2 cm
Musée d'Orsay, Paris.
Acquisition en 1947

The Little Bed, 1902
Crayon graphite et pierre noire sur papier
15,7 × 28,2 cm
Université de Reading Art Collection
UAC/10520

Fille vénitienne allongée, 1903-1904
Huile sur toile
37,5 × 46,2 cm
Musée des Beaux-Arts, Rouen

Cocotte de Soho, 1905
Pastel sur carton
62 × 50 cm
Collection particulière

Le Lit de fer, 1905
Pastel sur papier chamois
33 × 50,1 cm
Collection particulière

Nude Stretching: La Coiffure, 1905-1906
Pastel sur papier
71 × 55 cm
Collection particulière

La Maigre Adeline, 1906
Huile sur toile
46 × 38,4 cm
Prêt du Metropolitan Museum of Art,
New York. Legs de Scofield Thayer, 1982
(1984.433.24)

Woman Washing her Hair, 1906
Huile sur toile
45,7 × 38,1 cm
Tate, Londres. Legs de Lady Henry
Cavendish-Bentinck, 1940

Le Lit de cuivre, c. 1906
Huile sur toile
40,9 × 50,9 cm
Prêt des Royal Albert Memorial Museum
& Art Gallery, Exeter City Council

Nuit d'été, c. 1906
Huile sur toile
50,8 × 40,6 cm
Collection particulière
Exposé uniquement à la Tate

The Iron Bedstead, c. 1906
Huile sur toile
39,5 × 50 cm
Collection particulière. Courtesy Hazlitt
Holland-Hibbert

La Hollandaise, c. 1906
Huile sur toile
51,1 × 40,6 cm
Tate, Londres. Achat 1983

The Studio: The Painting of a Nude, c. 1906
Huile sur toile
75 × 49 cm
Collection particulière. Courtesy Piano
Nobile, Londres

Mornington Crescent Nude, c. 1907
Huile sur toile
45,7 × 50,8 cm
The Syndics of the Fitzwilliam Museum,
Université de Cambridge

Woman Seated at a Window,
c. 1908-1909
Huile sur toile
52 × 40 cm
Collection particulière
Exposé uniquement au Petit Palais

Lucian Freud
Naked Portrait, 1972-1973
Huile sur toile
61 × 61 cm
Tate, Londres. Achat 1975

**LES *CONVERSATION PIECES* :
« SCÈNES DE LA VIE INTIME »**

Two Women on a Sofa – Le Tose,
c. 1903-1904
Huile sur toile
45,7 × 53,3 cm
Tate, Londres. Legs de Sir Hugh
Walpole, 1941

The Mantelpiece, c. 1906
Huile sur toile
76,2 × 50,8 cm
Southampton City Art Gallery

Girl at a Window, Little Rachel, 1907
Huile sur toile
50,8 × 40,6 cm
Tate, Londres.
Accepté par le gouvernement britannique
en lieu et place des droits de succession
et attribué à la Tate Gallery en 1991

A Consultation, 1907-1908
Pierre noire et craie blanche sur papier vert
24,5 × 24,5 cm
Lord and Lady Irvine of Lairg

The Camden Town Murder, c. 1907-1908
Huile sur toile
64,5 × 62 cm
Daniel Katz Family Trust

Two Coster Girls, c. 1907-1908
Huile sur panneau
35,5 × 26 cm
Government Art Collection. Achat à la Fine
Art Society, mai 1979

The Camden Town Murder ou *What Shall
We Do for the Rent?*, c. 1908
Huile sur toile
25,6 × 35,6 cm
Yale Center for British Art,
Paul Mellon Fund
Exposé uniquement à la Tate

Persuasion. La Belle Gâtée, c. 1908
Pierre noire et craie blanche
sur papier violet
26,7 × 20,3 cm
Bristol Culture: Bristol Museums & Art
Gallery

What shall we do about the rent?, c. 1908
Pierre noire et craie blanche sur papier
24,3 × 38 cm
Collection particulière, Rotterdam
Exposé uniquement au Petit Palais

Conversation, 1909
Pierre noire, craie blanche, plume et encre
sur papier chamois
33,7 × 23,5 cm
Royal College of Art Collection, Londres

L'Affaire de Camden Town, 1909
Huile sur toile
61 × 40,6 cm
Collection particulière

Dawn, Camden Town, c. 1909
Huile sur toile
50,6 × 40,2 cm
Collection particulière. Courtesy Hazlitt
Holland-Hibbert

Off to the Pub, 1911
Huile sur toile
50,8 × 40,6 cm
Tate, Londres.
Offert par Howard Bliss en 1943

Flower Girl, 1911
Huile sur toile
38,1 × 30,5 cm
Collection particulière

The Prussians in Belgium, c. 1912
Huile sur toile
50,5 × 40,5 cm
Collection particulière. Courtesy Hazlitt
Holland-Hibbert

A Few Words: Off to the Pub, c. 1912
Huile sur toile
50,8 × 30,5 cm
Collection Margo et Nicholas Snowman

Jack Ashore, 1912-1913
Huile sur toile
36,8 × 29,8 cm
Pallant House Gallery, Chichester (Don
Wilson par le biais du Art Fund, 2006)

Granby Street, c. 1912-1913
Huile sur toile
51 × 41 cm
Collection particulière

Ennui, c. 1914
Huile sur toile
152,4 × 112,4 cm
Tate, Londres. Offert par Contemporary
Art Society en 1924

Baccarat – the Fur Cape, 1920
Huile sur toile
59,1 × 41,9 cm
Tate, Londres. Legs de Lady Henry
Cavendish-Bentinck, 1940

Baccarat, 1920
Huile sur toile
55,2 × 45,7 cm
Collection particulière.
Courtesy Grant Ford Limited

L'Armoire à glace, 1924
Huile sur toile
61 × 38,1 cm
Tate, Londres. Achat 1941

The System, 1924-1926
Huile sur toile
61,2 × 38,8 cm
National Galleries of Scotland. Accepté
par le gouvernement britannique en
lieu et place des droits de succession et
attribué à la Scottish National Gallery of
Modern Art en 2009

**TRANSPOSITION : LES DERNIÈRES
ANNÉES**

Soldiers of King Albert the Ready, 1914
Huile sur toile
211,5 × 166,4 cm
Sheffield Museums Trust

The Integrity of Belgium, 1914
Huile sur toile
92,5 × 71,5 cm
Government Art Collection.
Achat à Phillips, 5 novembre 1991

Rear Admiral Lumsden C.I.E., C.V.O.,
1927-1928
Huile sur toile
245 × 91,5 cm
Collection particulière, Devon

Portrait of Degas in 1885, c. 1928
Huile sur toile
79 × 57 cm
Ministère de l'Europe et des Affaires
étrangères

Sir Hugh Walpole, 1929
Huile sur toile
76,2 × 63,5 cm
Prêt de Glasgow Life (Glasgow Museums)
pour le Glasgow City Council. Achat 1947

*King George V and his Racing Manager:
A Conversation Piece at Aintree*,
c. 1929-1930
Huile sur toile
46,4 × 46,4 cm
The Royal Collection/HM Queen
Elizabeth II

D'après
« A Novel Portrait of the King », *Daily Express*,
23 décembre 1930, p. 3
22,1 × 26 cm
Fac-similé

The Seducer, c. 1929-1930
Huile sur toile
42,5 × 62,5 cm
Tate Collection, Londres

The Raising of Lazarus, c. 1929-1932
Huile sur toile
243,9 × 91,5 cm
National Gallery of Victoria, Melbourne
Exposé uniquement au Petit Palais

Hamlet, c. 1930
Huile sur toile
41 × 66 cm
Musée d'Orsay, Paris. Acquis en 1932
Exposé uniquement au Petit Palais

Miss Earhart's Arrival, 1932
Huile sur toile
71,7 × 183,2 cm
Tate Collection, Londres

D'après
« Welcome "Lady Lindy"! », *Daily Sketch*,
23 mai 1932
Fac-similé

« Artist and the Picture of the Year»,
Daily Sketch, 30 avril 1932
20,2 × 27,2 cm
Fac-similé
Exposé uniquement au Petit Palais

*Miss Gwen Ffrangcon-Davies as Isabella
of France*, 1932
Huile sur toile
245,1 × 92,1 cm
Tate, Londres. Offert par le Art Fund,
la Contemporary Art Society et C. Frank Stoop
par le biais de la Contemporary Art Society
en 1932

D'après
« Gwen Ffrangcon-Davies as the Queen
Isabella », *Vogue*, début décembre 1923
Fac-similé

Variation on 'Othello', c. 1933-1934
Huile sur toile
110 × 73 cm
Bristol Culture: Bristol Museums & Art Gallery

Variation on Peggy, 1934-1935
Huile sur toile
57,8 × 71,8 cm
Tate, Londres. Legs de Peggy Aschcroft,
1992

King George V and Queen Mary, 1935
Huile sur toile
63,5 × 75,5 cm
Collection particulière

*Alexander Gavin Henderson, 2nd Lord
Faringdon*, c. 1935
Huile sur toile
231 × 85 cm
Faringdon Collection Trust
Exposé uniquement à la Tate

Gwen Again, 1935-1936
Huile sur toile
140 × 97 cm
Collection particulière

Juliet and her Nurse, c. 1935-1936
Huile sur toile
76,2 × 61 cm
Leeds Art Fund. Prêt Leeds Museums &
Galleries. Achat en 1937

The Miner, c. 1935-1936
Huile sur toile
127,6 × 76,8 cm
Prêt du Birmingham Museums Trust pour
le Birmingham City Council

D'après
« Scenes at the Mine-Strike "Front" »,
Daily Express, 8 octobre 1935
Fac-similé

HM King Edward VIII, 1936
Huile sur toile
180 × 90 cm
Collection particulière

D'après
« These Names Make News, Snapper
Snarls », *Daily Express*, 24 juillet 1936
Fac-similé

Pimlico, c. 1937
Huile sur toile
60,8 × 73,4 cm
Aberdeen City Council (Art Gallery &
Museums Collections)

« The Taming of the Shrew », c. 1937
Huile sur toile
101,5 × 62 cm
Courtesy Bradford Museums and Galleries

Jack and Jill, c. 1937-1938
Huile sur toile
62 × 75 cm
Famille Oskowitz

D'après
Bullets or Ballots, 1936
Prospectus
Fac-similé

Sir Thomas Beecham Conducting, 1938
Huile sur toile de jute
98,5 × 104,5 cm
The Museum of Modern Art, New York.
Bertram F. et Susie Brummer Foundation
Fund, 1955

High-Steppers, c. 1938-1939
Huile sur toile
132 × 122,5 cm
National Galleries of Scotland.
Achat 1979

Thérèse Lessore (1884-1945)
Photographie pour *Self-Portrait. Lazarus
Breaks his Fast*
19,3 × 22,2 cm
Fac-similé
Exposé uniquement au Petit Palais

Thérèse Lessore (1884-1945)
Photographie pour *The Servant
of Abraham*
18,2 × 21,8 cm
Fac-similé
Exposé uniquement au Petit Palais

Chambre claire de Walter Sickert
Chambre claire, douze lentilles et étui
Tate, Londres

Perken, Son and Rayment
Lanterne de projection, 1890
53 × 31 × 90 cm
Cinémathèque française, Paris
Exposé uniquement au Petit Palais

INDEX

CRÉDITS PHOTOGRAPHIQUES

A. C. Cooper Ltd., London photo by Andrew Smart : p. 100
Amgueddfa Cymru – National Museum Wales : p. 111 haut
ArenaPAL/Bertram Park et Yvonne Gregory/ Université de Bristol : p. 208 droite*
Art Gallery of South Australia, Adélaïde 0.1977 : p. 146 haut
Image © Ashmolean Museum, Université d'Oxford : p. 25, 50, 74 gauche, 117, 137
Avec l'aimable autorisation de The Atkinson, Lord Street, Southport : p. 124 haut
Barber Trust, The Barber Institute of Fine Arts, Université de Birmingham/ Bridgeman Images : p. 73
Courtesy Wendy Baron: p. 60-61, 81, 101, 169 haut, 146 bas, 170, 171
Bemberg Fondation, Toulouse : p. 124 bas
© Bibliothèque nationale de France : p. 131
Photo by Birmingham Museums Trust, licensed under CC0 : p. 161, 206 gauche
© Bradford Museums & Galleries/ Bridgeman Images : p. 211
© Bridgeman Images : p. 111 bas, 174 gauche, 182, 201 droite, 219
© Bristol Museums, Galleries & Archives/ Achat, 1967/Bridgeman Images : p. 118, 174 bas, 210 gauche
Courtesy British Council Collection p. 116 bas
© British Library Board. Tous droits réservés/Bridgeman Images : p. 18, 201 gauche, 204 bas, 207 haut*, 212*
Brooklyn Museum, 18.37_SL1.jpg : p. 49 gauche
Photo © Camden Local Studies and Archives Centre : p. 57
Peter Charlton, Historian, British Music Hall Society : p. 83
Photo © Christie's Images/Bridgeman Images : p. 51, 65, 109, 125, 145 haut droite et bas, 185, 215 top, 169 bas, 145 bas
© Christopher Wood Gallery, Londres/ Bridgeman Images : p. 70
Chronicle/Alamy Stock Photo : p. 55
© Courtauld Gallery/Bridgeman Images : p. 37, 138
Courtauld Institute of Art Photographic Survey : p. 29 bas
© Crown Copyright/Government Art Collection : p. 62, 184, 191
Courtesy Daniel Katz Gallery, Londres : p. 77, 154, 173
Courtesy Daxer & Marschall : p. 151 bas
Courtesy Lord Faringdon : p. 202
© The Fitzwilliam Museum, Cambridge : p. 39, 38, 75, 79, 140 right, 119, 159 bas
Photographie John Gibbons : p. 155 haut
© CSG CIC Glasgow Museums Collection : p. 198 droite
Avec l'autorisation de l'Université de Glasgow, Archives & Special Collections, Whistler PH1/98. : p. 41, 44, 45, 48
Courtesy Art Gallery of Hamilton : p. 22-23
© Hazlitt Holland-Hibbert p. 159 haut, 176, 177
© Hugh Lane Gallery, Dublin : p. 175

Islington Local History Centre : p. 20, 26 bas, 27 bas, 42, 93 bas, 197, 223, 240
© C. Lancien, C. Loisel/Réunion des Musées métropolitains Rouen Normandie : p. 53, 63, 122 gauche, 152 bas
Leeds Museums and Galleries/ Bridgeman Images : p. 21, 43, 76, 102, 134, 210 droite
Photo Marcus J. Leith : p. 200 bas
LMPC/Contributor/Warner Bros. : p. 215 bas*
© Manchester Art Gallery/Bridgeman Images : p. 107, 133 gauche, 136, 222
Photo James Mann : p. 68
Image © London Metropolitan Archives, City of London Police/CLA/048/ CS/02/380: p. 221 centre
© 2021. Image copyright The Metropolitan Museum of Art/Art Resource/Scala, Florence : p. 82, 103, 139, 156, 217 bas
© 2021. Christie's Images, Londres/ Scala, Florence : p. 151 haut
The National Archives, avec l'autorisation de The Metropolitan Police, au nom de l'État : p. 221 haut et bas
Courtesy Ministère de l'Europe et des Affaires étrangères p. 198 gauche
Mirrorpix : p. 206 droite*
Photo © Musée d'Orsay, dist. RMN-Grand Palais/Patrice Schmidt p. 150,168 haut gauche
© 2021. Digital image, The MoMA, New York/Scala, Florence : p. 74 right, 214
© National Galleries of Scotland : p. 49 droite, 97, 188 droite, 213
© National Museums Liverpool, Walker Art Gallery : p. 69, 86, 89
© National Museums NI Ulster Museum Collection : p. 141
© National Portrait Gallery, Londres : p. 17 haut, 28, 93 haut
Courtesy The Estate of Alice Neel and David Zwirner : p. 148 bas
© Norwich Castle Museum & Art Gallery/ Bridgeman Images : p. 46-47
Courtesy of Nottingham City Museums & Galleries : p. 71
Image © Pallant House Gallery, Chichester : p. 122 droite, 179
Philadelphia Museum of Art: The Henry P. McIlhenny Collection, à la mémoire de Frances P. McIlhenny, 1986, 1986-26-10 : p. 167 haut
Courtesy Piano Nobile, Robert Travers (Works of Art) Ltd. : p. 135, 161, 178
Portsmouth City Museums : p. 168 droite
Princeton University Art Museum. Legs Dan Fellows Platt, classe 1895 : p. 145 haut gauche
Collection particulière : p. 158
Image Prudence Cuming : p. 26 haut, 59, 64, 174 haut, 218
National Galleries of Scotland/Photo Antonia Reeve : p. 49 droite
Courtesy RISD Museum, Providence, RI : p. 127
Photo © RMN-Grand Palais (musée

d'Orsay)/Franck Raux : p. 17 bas
Photo © RMN-Grand Palais (musée national Picasso-Paris)/ René-Gabriel Ojeda : p. 167 bas
© Royal Albert Memorial Museum/ Bridgeman Images : p. 155 bas
Royal Collection Trust/Tous droits réservés : p. 200 haut
Sheffield Galleries and Museums Trust/ Bridgeman Images : p. 190
Sotheby's Londres : p. 123
© Southhampton City Art Gallery/ Bridgeman Images : p. 15, 24, 104 gauche, 116 haut
Tate Images 2022 : p. 1, 16, 27 haut, 29 haut, 67, 78, 87, 88, 96, 98, 104 droite, 112, 140 gauche, 157, 160, 163, 183, 186, 187, 188 left, 195, 204–5, 207 bas, 208 gauche, 217 haut
© Touchstones Rochdale, Rochdale Arts & Heritage Service : p. 133 droite
Towner Eastbourne p. 168 bas
Université de Reading/Art Collection : p. 152 haut
© Victoria and Albert Museum, Londres : p. 58
State Library of Victoria [H2006.10/4] : p. 148 haut
The Whitworth, Université de Manchester : p. 106, 120
Yale Center for British Art, Paul Mellon Fund : p. 172
York Museums Trust (York Art Gallery) : p. 40

* Source photographique originale identifiée par Rebecca Daniels

Éditions Paris Musées

Julie Bertrand, directrice des expositions
et des publications
Muriel Rausch, adjointe à la directrice,
cheffe du service des éditions

Coordination éditoriale
Adeline Souverain

Traduction de l'anglais
Christian-Martin Diebold

Secrétariat d'édition
Catherine Ojalvo

Adaptation graphique
Marie Balmer, Guerillagrafik

Première édition sur ordre de Tate Trustees
par Tate Publishing, division de Tate
Enterprises Ltd, Millbank, Londres SW1P 4RG
© Tate Enterprises Ltd 2022

Conception graphique
Sandra Zellmer

Photogravure
DL Imaging

Impression
Graphicom (Italie)

Pour l'édition française
© Paris Musées, 2022
Les musées de la Ville de Paris
27, rue des Petites-Écuries
75010 Paris
www.parismusees.paris.fr

Diffusion Flammarion
Distribution UD-Union Distribution
ISBN 978-2-7596-0539-2

Dépôt légal : septembre 2022

Couverture

Cat. 40
Walter Sickert
Little Dot Hetherington
at the Bedford Music Hall, c. 1888-1889

Cat. 99
Walter Sickert
Nuit d'amour, c. 1920

Page 1
Walter Sickert (à droite) et Edgar Degas
(à gauche), Dieppe, c. 1885, Tate